Fées
et
Elfes

DU MÊME AUTEUR

Chez Pygmalion

L'Énigme de l'Atlantide, essai, 1998.
Nains et Gnomes, 1999.
Sirènes et Ondines, 1999.
Géants et Dragons, 2000.
Sorcières et Démons, 2000.
Le Bestiaire fabuleux, 2001.
Les Amours enchantées, 2001.

Chez d'autres éditeurs

L'Effet Pivot, essai, Ramsay, 1987.
Sorciers. Voyage chez les astrologues, envoûteurs, guérisseurs, mages et voyants, document, Ramsay, 1989.
Charlie Chaplin, biographie illustrée, Solar, 1989.
La République des jeux, essai, Robert Laffont, 1992.
Quand le ciel s'éclaircira, roman, Plon, 1994.
Enquête sur l'existence des anges rebelles, essai, Filipacchi, 1995, J'ai Lu, 1997.
Enquête sur l'existence des fées et des esprits de la nature, essai, Filipacchi, 1996. J'ai Lu, 1998.
Le Vœu d'étoile, roman, Le Comptoir, 1996.
Vivre la magie des contes, essai, avec Jean-Pascal Debailleul, Albin Michel, 1998.
Rue de l'oubli, ou les ombres d'Istanbul, roman, Autres Temps, 1998.
Trouver sa vérité par les contes de sagesse, Albin Michel, 2000.

Édouard Brasey

Fées et Elfes

Pygmalion

Sur simple demande adressée à
Pygmalion, 70 avenue de Breteuil, 75007 Paris,
vous recevrez gratuitement notre catalogue
qui vous tiendra au courant de nos dernières publications.

ISBN 2-85704-575-1

À Pierre Dubois,
prince des elficologues,
dont la science, la générosité et l'amitié
m'ont souvent accompagné dans mes voyages
aux lisières d'Elfirie.

Ah, ne voyez-vous pas cette route étroite
Envahie d'épais buissons d'épines et de bruyères ?
C'est le sentier de la Vertu
Bien que peu de gens le recherchent.

Et ne voyez-vous pas cette large, large route
Qui s'étend au travers de la clairière aux lis ?
C'est le chemin de l'Iniquité
Bien que certains l'appellent la Route du Ciel.

Et ne voyez-vous pas cette jolie route
Qui serpente parmi les fougères de cette colline ?
C'est la route du beau Pays des Elfes,
Où toi et moi cette nuit nous égaierons.

J.R.R. Tolkien, *Du Conte de fées*, in *Fäerie*.

Introduction

Il était une Fée...

Fée ou fairy ? – Qu'est-ce qu'une fée ? – Les fées courtoises
– Les fées des bois, des jardins et des fontaines
– Qu'est-ce qu'un elfe ? – Le royaume de Féerie
– Pour une écologie spirituelle

Fée ou fairy ?

On les appelle les Bonnes Marraines, les Dames Blanches, Noires ou Vertes, les Bienveillantes, les Bonnes et Franches Pucelles, les Fileuses de Destin, les Lavandières de Nuit. Elles font partie du Petit Peuple, que l'on nomme aussi les Bons Voisins, la Petite Noblesse, le Peuple de la Paix ou les Habitants des Collines.

Les expressions imagées ne manquent pas pour désigner ces êtres fantastiques auxquels les Anciens évitaient de donner leur vrai nom, de peur de les fâcher. Car il paraît que les membres du Peuple Invisible répugnent à se laisser décrire et cataloguer avec trop de précision, et châtient à leur façon les mortels qui osent livrer publiquement leur identité réelle ou révéler leurs petits secrets. C'est dire le risque auquel s'expose l'auteur de ces pages, dont l'ambition est justement de s'attacher aux moindres faits et gestes des fées et des elfes.

Fées et Elfes

Les fées ! Les elfes ! Voici les noms lâchés, malgré l'interdiction tacite édictée par ces êtres à la fois bienveillants et redoutables qui depuis toujours hantent le royaume de la poésie, du rêve et de la fantaisie que nous portons tous en nous. Car les fées et leurs compagnons les elfes, reflets de nos espérances mais aussi de nos peurs, vivent avant tout dans le cœur de l'enfant que nous ne devrions jamais cesser d'être. Ils vivent aussi dans les chroniques locales, les récits du folklore et les contes merveilleux que nous a légués la longue tradition de nos ancêtres. Ils vivent enfin au sein de la nature, de préférence sauvage, dont ils sont à la fois les hôtes et les gardiens.

Qui sont exactement ces créatures fabuleuses, et comment peut-on les reconnaître et les distinguer les unes des autres ? La question est d'autant moins simple que les termes de « fée » et d'« elfe » recouvrent des réalités assez différentes selon les pays et les cultures dans lesquels ils s'inscrivent. En France, la fée semble indissociable du « conte de fées » dont elle est souvent le *deus ex machina* ; on l'imagine mal sans son chapeau pointu et sa baguette magique, grâce à laquelle elle exauce les vœux du héros.

En réalité, il faut bien admettre que les fées des contes traditionnels sont souvent des personnages secondaires, voire absents, au point que le terme même de « conte de fées » semble impropre. À l'exemple de nos voisins allemands, il vaudrait mieux parler de « contes merveilleux », car ce qui caractérise ces récits, réputés à tort enfantins, ce n'est pas la présence de protagonistes féeriques, mais plutôt le climat général de « Féerie » qui y règne – à savoir un univers magique où tout est possible, et où les choses les plus extraordinaires peuvent arriver.

Dans les pays anglo-saxons, en revanche, on

distingue nettement l'univers des contes de fées – *fairy tales* – de celui des fées – *fairy*, *fairies* au pluriel. Or, le mot anglais « fairy » désigne non seulement les jolies petites dames dotées de pouvoirs magiques qui apparaissent dans les livres d'enfants, mais l'ensemble du Petit Peuple de Féerie. Une « fairy » peut être une fée, mais également un brownie, un gobelin, un léprechaun, un pwca ou un cluricaune. Ce terme générique de « fairy » est souvent remplacé par celui d'« elf », elfe (*elves* au pluriel), ce qui ne facilite pas les choses. Pour les Anglais, les elfes et les fées sont de même nature, et il est légitime d'employer indifféremment l'un ou l'autre nom, sans distinction de sexe ou d'apparence.

Les Français sont plus cartésiens en la matière : chez nous, une fée est toujours féminine, et un elfe toujours masculin. En outre, une fée ne peut en aucun cas être confondue avec un lutin ou un farfadet, pas plus qu'un elfe ne saurait être assimilé à un nain ou un gnome.

Le présent ouvrage sera suivi d'autres volumes consacrés aux représentants de cet *Univers Féerique* : les *Nains* et les *Gnomes*, puis les *Sirènes* et les *Ondines*, etc.

Cette classification pourra être contestée. Ainsi, mon ami Pierre Dubois[1], elficologue patenté, a préféré classer les sirènes et les ondines avec les fées, et mettre les elfes à part ; Paracelse, de son côté, a distingué entre les nymphes (les fées), les sylvains (les sylphes, ou les elfes), les pygmées (les nains), les

1. Pierre Dubois, *La Grande Encyclopédie des lutins*, Hoëbeke, 1992, et *La Grande Encyclopédie des fées*, Hoëbeke, 1996.

salamandres et les géants, en publiant en 1566 son traité intitulé *Ex libro de nymphis, sylvanis, pygmalis, salamandris et gigantibus*. D'autres auteurs tout aussi émérites y sont allés de leurs propres étiquettes. Mais tout cela, soyons-en assurés, n'a que peu d'importance, car en vérité les règles qui régissent le royaume de Féerie nous échappent et nous échapperont toujours, et toutes nos tentatives pour imposer notre ordre humain aux lisières d'Elfirie demeureront aussi fragiles et aussi vaines que des châteaux de sable.

Cela bien posé, revenons à nos fées et nos elfes.

Qu'est-ce qu'une fée ?

La question est délicate, car en réalité il existe plusieurs types de fées, que l'on peut distinguer autant par leur apparence que par leur origine. Certaines fées sont de taille et d'apparence humaines. Seules les distinguent des simples mortelles leur beauté surnaturelle et leurs pouvoirs magiques. D'autres fées ont la taille, le corps et le visage d'enfants entre six et dix ans. Elles ne grandissent jamais, ne vieillissent pas, et demeurent éternellement (ou presque) des esprits espiègles et mutins. D'autres encore ont une taille minuscule, de trente centimètres à un centimètre et demi environ. Leur corps translucide est généralement doté de petites ailes de papillon ou de libellule. Leur peau est colorée, dans les tons pastel, et leur apparence se confond avec les plantes ou les fleurs dont elles sont les gardiennes.

Si les fées sont aussi différentes les unes des autres, c'est qu'elles n'appartiennent pas à la même famille. Les grandes fées d'apparence humaine sont la résurgence des anciennes déesses du paganisme, comme Aphrodite ou Vénus. Elles incarnent la femme idéale et sont un visage de la personnification de l'âme, qui hante le cœur des hommes. Parfois, elles sont réellement des femmes, mais dotées de pouvoirs magiques qui les rendent intouchables. Elles se rapprochent alors des anciennes druidesses, les grandes prêtresses celtes, ou des sorcières du Moyen Age. D'autres fois, il s'agit de revenantes, de fées fantômes par lesquelles se perpétue l'esprit des châtelaines défuntes, comme dans le mythe des Dames Blanches ou des *Banshies* d'Irlande. Les petites fées, elles, sont des manifestations du monde de la poésie, de la fantaisie et de l'imaginaire, à moins qu'elles ne soient des esprits des bois et des fleurs, à savoir les esprits élémentaires qui peuplent la nature.

Les fées courtoises

La littérature courtoise du Moyen Age et les contes merveilleux nous enseignent que la fée est un être féminin doté de pouvoirs surnaturels. Au physique, elle apparaît toujours sous les traits d'une jeune dame d'une beauté exceptionnelle, richement vêtue de robes longues dont les couleurs dominantes sont le blanc, l'or, le bleu et surtout le vert, plus rarement le noir. Sa baguette magique surmontée d'une étoile est à la fois l'insigne et le moyen de ses pouvoirs magiques. De plus, elle est parée d'une séduction à laquelle nul mortel ne saurait résister. L'enfant l'adore comme sa mère ; le jeune homme en tombe éperdument amoureux et se voue corps et biens à elle.

La fée répond à ces marques de reconnaissance par des dons multiples et des grâces innombrables, bien que souvent paradoxales. Le mortel à qui échoient ces cadeaux du ciel doit prouver sa fidélité en affrontant des épreuves – généralement des interdits minimes à respecter. Mais sa faiblesse est si grande qu'il finit toujours par transgresser la règle pourtant simple édictée par la fée, qui l'abandonne alors, le laissant seul et désespéré. Incapable de supporter cette situation, le héros se lance dans une quête longue et difficile, semée d'embûches et de dangers effrayants, dont il finit, à force d'endurance et de courage, par sortir vainqueur. Ce n'est qu'à ce prix qu'il pourra célébrer enfin son union définitive avec la fée. Les *Lais* de Marie de France, composés au milieu du XIIe siècle, illustrent parfaitement ce schéma de base.

La fée est toute-puissante. La fée est aimable. La fée est désirable. Mais, avant tout, la fée est belle. Selon Henri Durville, « dans la féerie, plus un être est pur, plus la beauté est son privilège », et le corps des fées est « plus mince et plus léger que la nuée vaporeuse ». Il explique : « Les vieilles traditions nous représentent ces créatures exquises, rayonnantes de jeunesse, douées d'une grâce idéale et divine. Richement vêtues et d'un charme presque immatériel, elles ressemblaient à des princesses éthérées tant leurs pieds menus touchaient peu terre [1]. »

La beauté des fées est en effet proverbiale dans la poésie et les romans du Moyen Age. C'est le cas de la fée rencontrée par le sire d'Argouges, dont il devint follement amoureux. Quant à la fée Mélusine, épouse du seigneur Raimondin, elle avait paraît-il une voix aussi mélodieuse que le chant du rossignol.

La fée ainsi décrite s'apparente davantage à la princesse des contes, que le héros doit conquérir et

1. Henri Durville, *Les Fées*, Perthuis, 1950.

épouser, qu'au personnage fantastique qui peuple les légendes et les chroniques folkloriques. Car la fée est multiple. Idéal féminin, symbole de l'*anima* dans la psychologie des profondeurs, elle incarne tout à la fois la vierge, la sœur, l'épouse et la mère. Elle est la Femme par excellence, parfaite et inaccessible. Elle est aussi un agent de la Providence, répandant autour d'elle la richesse, la prospérité, la fécondité, le bonheur, apportant son aide aux héros en péril et son inspiration aux artistes et aux poètes. En ce sens, elle fait figure d'ange gardien. Enfin, elle est une fileuse de destin, comme les Parques romaines ou les Moires grecques. C'est elle qui noue le fil de la vie des humains en assistant à la naissance des enfants et en se penchant sur leurs berceaux pour les combler de dons. C'est elle qui dévide ce fil en intervenant dans le destin des hommes. C'est elle enfin qui rompt ce fil, en annonçant la mort des humains avant de les emmener dans ses palais enchantés, au pays des fées.

Les fées des bois, des jardins et des fontaines

La fée, enfin, est une divinité de la nature, associée notamment aux arbres des forêts, à l'eau des fontaines et aux fleurs des jardins. Elle n'apparaît plus alors sous l'aspect noble et un peu hautain des dames issues des romans courtois, mais sous la forme d'une petite créature à l'allure enfantine, à peine vêtue d'étoffes translucides aux tons pastel, et dotée d'ailes de libellule.

Un théosophe, doté de vision clairvoyante, Geoffrey Hodson, né en Angleterre en 1886 et mort en Nouvelle-Zélande en 1983, a consacré sa vie à observer les fées et les esprits de la nature. Ainsi, en 1921, alors qu'il se trouvait dans le vallon de Cottingley, il a pu observer une fée particulièrement belle, dotée d'un corps « recouvert d'une lumière dorée chatoyante et transparente ». Elle avait de grandes ailes divisées en deux parties. La partie inférieure, plus petite que la partie supérieure, paraissait « s'allonger en pointe comme les ailes de certains papillons ». Il constate : « Je peux simplement la décrire comme une merveille d'or. Elle sourit et il est clair qu'elle nous voit. Elle met ses doigts sur ses lèvres. Elle se tient à l'intérieur d'un saule parmi les feuilles et les branches, nous épiant d'un air souriant. » Il précise que cette apparition n'est pas perceptible objectivement, mais seulement grâce au concours de la « vision astrale », avant de poursuivre sa description : « De sa main droite elle pointe son doigt qu'elle déplace circulairement autour de ses pieds et je remarque un certain nombre de chérubins (faces ailées), peut-être six ou sept ; ils semblent être maintenus en forme au moyen d'une volonté invisible. » Hodson confesse enfin : « Elle a jeté un charme d'enchanteresse sur moi, charme qui subjugue entièrement le principe mental. Elle me laisse les yeux hagards à l'endroit qu'elle vient de quitter, parmi les fleurs et les feuilles [1]. »

Qu'est-ce qu'un elfe ?

Ces petites fées sont les compagnes des elfes, leurs compléments masculins. Esprits élémentaires de l'air,

1. Cité par E.L. Gardner, *Les Fées*, Éditions Adyar, 1945, réédition 1966.

légers et diaphanes, les elfes ont le pouvoir de voler autour des frondaisons des arbres. Tout de vert vêtus, ce qui leur permet de se confondre avec le feuillage, ils jouent une musique merveilleuse en laissant le vent souffler dans les branches des arbres. Comme les fées, ils sont doués de pouvoirs surnaturels et font office de messagers entre ce monde-ci et l'au-delà, ainsi que le précise le révérend Kirk, un pasteur anglican qui vécut au XVIIe siècle dans la paroisse d'Aberfoyle, en Écosse, et qui prétendait les voir couramment : « Ces elfes, ou *siths*, sont d'une nature intermédiaire entre l'homme et l'ange, comme les Anciens le pensèrent des *daïmons* ; d'esprits intelligents et curieux, de corps légers et fluides, quelque peu de la nature d'un nuage condensé, et plutôt visibles au crépuscule. Ces corps sont tellement souples, de par la subtilité des esprits qui les agitent, qu'ils se peuvent faire apparaître ou disparaître à volonté. Certains ont des corps ou véhicules si spongieux, si fins, si immatériels, qu'ils ne les nourrissent qu'en suçant une subtile liqueur spiritueuse qui pénètre comme de l'air pur et de l'huile ; les autres se nourrissent plus grossièrement de l'essence ou substance des grains et liqueurs, ou du blé lui-même qui croît à la surface de la terre et que ces elfes dérobent, tantôt d'une manière invisible, tantôt en becquetant comme les corneilles et les souris [1]. »

Ces êtres supérieurs, quasi divins, si proches des anges par leurs fonctions et leurs manifestations, sont au centre du paganisme ancien. C'est dans les cultures nordiques, germaniques ou anglo-saxonnes

---

1. Robert Kirk, *La République mystérieuse*, 1691. Édition Rémy Salvator, 1896.

que les elfes sont le plus souvent représentés – fées et lutins étant davantage vénérés par les Gaulois. Ainsi, en Allemagne, on raconte que ce sont les elfes qui tissent les fils des toiles d'araignée – que l'on appelle « fils de la bonne Vierge » en France.

Les elfes ont pour noms *nis* en Allemagne, *niss-god-drange* au Danemark et en Norvège, vieillard *Tom-Gubbe* ou *Tonttu* en Suède, *tylwithes* en Angleterre, *duende* en Espagne, « sylphe » ou « esprit follet » en France. En Écosse, on distingue les *dun-elfen* (« elfes des dunes »), les *berg-elfen* (« elfes des collines »), les *munt-elfen* (« elfes des montagnes »), les *wudu-elfen* (« elfes des bois ») et les *woeter-elfen* (« elfes des eaux »). Obéron, l'enfant-fée époux de la reine Titania, est considéré tantôt comme un nain – à cause de sa taille –, tantôt comme un elfe – pour sa beauté et sa grâce aérienne.

Tout comme les fées, les elfes jouent un rôle dans l'équilibre, la santé et la croissance des plantes. Mais si les gnomes veillent sur la graine souterraine et les fées sur la pousse de la plante hors du sol, les elfes veillent à son ensoleillement et au mécanisme de la photosynthèse.

Ces êtres recherchent avant tout la lumière du soleil, et apprécient la musique, les sons doux et apaisants. Ils font aussi des rondes en se tenant par la main pour provoquer des enchantements bénéfiques.

Geoffrey Hodson a rencontré des elfes dans les bois de Cottingley, en août 1921 : « Deux tout petits elfes des bois qui couraient sur le sol passèrent près de nous, tandis que nous étions assis sur le tronc d'un arbre tombé. Quand ils nous virent, ils firent un bond qui les éloigna d'environ deux mètres et ils se mirent à nous considérer, très amusés mais nullement craintifs[1]. » Ces elfes étaient couverts d'une peau qui luisait comme si elle était mouillée, de la même couleur que l'écorce des arbres. Ils avaient de grandes mains et de grands pieds, hors de proportion avec le reste de leur corps. « Leurs jambes étaient maigres, et leurs vastes oreilles au dessus pointu et dirigé vers le haut avaient presque la forme d'une poire. Leurs nez aussi étaient pointus et ils avaient des grandes bouches. À l'intérieur de leur bouche, pas de dents, pas de structure, pas même une langue, autant qu'il fut possible de le voir, exactement comme si tout l'ensemble était une pièce de gelée. Autour d'eux, une petite aura verte. Les deux que nous remarquâmes particulièrement vivaient dans les racines d'un énorme hêtre, et finalement disparurent à travers une crevasse dans laquelle ils entrèrent comme on peut entrer dans une cave, et s'enfoncèrent dans le sol[2]. »

Le poète anglais William Blake (1757-1827) affirme avoir vu des elfes traverser en procession son jardin, portant le corps sans vie de l'un des leurs sur un pétale de rose. Le défunt fut mis en terre, tandis que des chants accompagnaient la cérémonie, puis les elfes disparurent. Mais il est possible que ces « funérailles » ne soient qu'une parodie de plus des coutumes humaines, que les membres du Petit Peuple aiment tant à singer.

Au Pays de Galles, elfes et fées vont par bandes joyeuses, et sont considérés comme faisant partie de la même espèce, nommée *Tylwyth Teg*, la « bienveillante famille ». En Irlande, ils sont connus sous le nom

---

1. G. Hodson, *Les Fées au travail et au jeu*, Éditions Adyar, 1957.
2. *Ibidem.*

de *Daoine Side*, les « habitants des tertres des fées », car ces esprits occupaient, dit-on, de magnifiques palais souterrains dissimulés à l'intérieur des monticules verdoyants qui jalonnent les prairies irlandaises.

Au fil des siècles, le peuple des elfes et celui des hommes se sont progressivement éloignés l'un de l'autre, évoluant dans des univers séparés et parallèles qui ne se rencontrent plus qu'exceptionnellement. Le pacte avec les puissances invisibles a été rompu ; un pacte qui jadis unissait les hommes aux esprits, aux dieux et à la nature. Mais il est dit qu'un jour ce pacte sera remis à l'honneur ; les elfes sortiront de leurs cachettes souterraines et établiront une nouvelle alliance avec les hommes, au sein d'une nature réenchantée.

Le royaume de Féerie

Selon d'anciens traités kabbalistes, les fées et les elfes ne seraient point dotés d'une individualité bien distincte ; en revanche, ils bénéficieraient, à l'exemple des animaux, d'une « âme-groupe », générique de l'ensemble de l'espèce. Ces êtres peuvent vivre très longtemps, des siècles, voire des millénaires, mais ils ne sont pas immortels, comme le rappelle la phrase de James Matthew Barrie, dans *Peter Pan* : « Chaque fois qu'un enfant dit : "Je ne crois pas aux fées", il y en a une, quelque part, qui tombe morte. » Lorsque l'on cesse de croire en elles, les fées s'endorment, et bientôt meurent. Cette mort est d'autant plus tragique que les esprits élémentaires sont dépourvus de cette âme immortelle qui fait tout le prix de la créature humaine.

De même, ils ne connaissent point le libre arbitre

de l'homme, cette faculté divine qui permet de choisir entre le bien et le mal. Les fées et les elfes ne savent rien ni du bien ni du mal ; ils agissent uniquement en fonction de leur impulsion du moment, au gré de leur caprice et de leur fantaisie. Ils ne sont ni bons ni mauvais, ou bien ils sont les deux, mais sans avoir aucune conscience des conséquences bénéfiques ou désastreuses de leurs actions. Les fées et les elfes sont fondamentalement amoraux ; leur morale, en tout cas, échappe entièrement aux critères de jugement des hommes. Comme le dit très bien Katharine Briggs : « Une bonne fée est une fée de bonne humeur, et une mauvaise fée est une fée que l'on a offensée [1]. »

En vérité, le royaume de Féerie – le *Fairyland* des Anglo-Saxons – n'est pas très éloigné de nous ; il est même à portée de main. Il suffit, pour y pénétrer, de changer sa façon de regarder les choses. Le seul sésame, c'est le regard – le regard émerveillé de l'enfance.

Le monde des fées et des elfes offre à qui veut l'aborder une voie dans laquelle il faut savoir se perdre avant de se trouver. Tous les contes insistent sur cette notion d'égarement, de perte totale de ses certitudes et du sens de sa propre vie avant de trouver le bon chemin – celui qui conduit au centre de soi-même. En cela, les contes sont en accord avec tous les rituels initiatiques, qui exigent toujours une phase de mort et de renaissance.

Le royaume de Féerie n'est pas exempt d'épreuves, d'obstacles et d'embûches, au contraire. La bonne

1. Katharine M. Briggs, *The Fairies in Tradition & Literature*, Routledge & Kegan Paul, Londres, 1967.

fée ne va pas sans son obscur pendant, la sorcière – tout comme l'ange gardien entraîne la présence, à ses côtés, d'un démon, un ange déchu, un ange rebelle. Et certains habitants de *Fairyland* sont fort peu recommandables.

En fait, on peut dire que les fées et les esprits de la nature représentent les principes de la vie et de la créativité à l'état brut. C'est pourquoi ils ne peuvent être perçus que par ceux qui évoluent dans les sphères de l'imaginaire, de la création et de la fécondité – les enfants, les poètes, les artistes, les artisans, les rêveurs, les amoureux et les femmes enceintes. Quiconque a eu l'occasion dans sa vie de créer – qu'il s'agisse d'un poème, d'un tableau, d'un meuble ou d'un enfant – a connu ces moments de grâce où soudain tout devenait clair et évident ; où l'ensemble du corps, de l'esprit et de l'âme sc trouvait traversé par des forces et des énergies formidables ; où l'inspiration coulait à flots ; où tout à coup l'impossible devenait possible. Sans que nous le sachions, une fée, alors, était à l'œuvre.

Telles sont bien, en définitive, les caractéristiques principales de ce monde féerique : la créativité pure et la fécondité sans limites. Et tel est le message essentiel de la fée : « Tout est possible. Aucun vœu au monde n'est irréalisable. Il suffit pour cela de rester fidèle à ses rêves, et de croire en sa chance. »

Pour une écologie spirituelle

En vérité, la croyance aux fées et aux elfes remonte au fond des âges. Avant de lever les yeux vers les étoiles, l'homme s'est intéressé à un autre cosmos, tout aussi mystérieux que celui d'en haut, mais plus proche de lui : la nature. Avant de bâtir en rêve des panthéons lointains et des empyrées inaccessibles, peuplés de divinités hautaines et capricieuses, il s'est aventuré dans ces contrées tout aussi fabuleuses que sont les forêts, les montagnes, les lacs et les rivières. Là, bruissait tout un monde de présences invisibles, tantôt bienveillantes, tantôt malfaisantes, qu'il lui fallait amadouer, apprivoiser, apprendre à connaître. Pour l'homme des origines, la nature tout entière était un temple débordant d'enchantements et de sortilèges, dans lequel il ne pouvait se risquer qu'à la condition de respecter et d'honorer selon leurs pouvoirs et leur rang ces entités minuscules ou géantes qui logeaient dans les arbres, les cascades ou les nuages. L'homme n'était pas encore devenu cet être arrogant qui, d'un mot ou d'une signature, décide de la construction d'un barrage artificiel, du déboisement de milliers d'hectares de forêts ou de l'immersion de déchets chimiques dans les rivières, les fleuves et les mers. L'homme n'agissait pas vis-à-vis de la nature comme si elle était son esclave soumise ; au contraire, il éprouvait à son contact une sorte de terreur sacrée et d'émerveillement enfantin. Il ne se croyait pas encore le maître absolu de la création. Il ne se considérait même pas comme la créature la plus importante du monde. Il savait céder le pas à ces gardiens de la nature sauvage, plus sages et plus puissants que lui, auxquels il avait donné le nom de fées, de nymphes, d'elfes et de sylphes.

Les hommes civilisés et policés que nous prétendons être ont oublié ces temps lointains où le moindre ruisseau pouvait abriter le chant d'une ondine, et où le promeneur solitaire prenait garde, la nuit, de ne point franchir le chemin que suivaient les lutins dans la forêt. En reniant son ancestrale croyance aux fées et aux elfes, l'homme moderne a renié sa propre enfance. Il s'est coupé de cette grande tradition orale, source de sagesse et d'initiation, qui, à travers les contes, les légendes, les mythes et le folklore, lui a durant des siècles enseigné les origines, les mœurs et les fonctions du Petit Peuple de Féerie.

Esprits de l'air et des bois, les fées et les elfes logent dans le vent qui agite les feuillages des arbres, dans les fleurs qui embaument au printemps de leurs meilleurs parfums, dans les landes et les collines où dansent les ombres au clair de lune. Ils sont les présences invisibles qui divinisent la nature, et la transforment en un lieu magique où chaque arbre est un refuge d'elfes et de nymphes qui agitent ses branches au son d'une musique céleste, où chaque fleur dissimule une fée qui lui confère sa couleur et son parfum, où chaque source voit s'ébattre des myriades d'ondines.

Mais le doute des hommes suffit-il à condamner à l'inexistence les fées ? L'idéal rationaliste et matérialiste des XIXe et XXe siècles aurait-il forcément raison de plusieurs millénaires de croyances ? N'est-il pas prétentieux de taxer de superstitions les convictions qui furent à la base des cultures du passé, et qui demeurent encore d'actualité aujourd'hui chez tous les peuples animistes, des Africains aux Japonais en passant par les Amérindiens ? Au nom de quelle raison étroitement cartésienne faudrait-il nier la présence autour de nous d'entités intermédiaires assurant le relais entre l'homme, la nature et le divin ?

Composés, aux dires des alchimistes, des éléments les plus subtils des quatre éléments de la nature, l'air, le feu, l'eau et la terre, les esprits féeriques – parfois surnommés, pour cette raison précise, « esprits de la nature » ou « élémentaux » – nous livrent en effet un passage entre le monde de la matière, dans lequel nous nous trouvons incarnés, et dont nous sommes souvent prisonniers, et l'autre monde, celui des esprits, des entités supérieures et des dieux. Divinités minuscules, au corps composé de pure énergie, changeant sans cesse de forme – et apparaissant parfois aux humains sous le masque d'écorce d'un arbre, le dessin d'un nuage ou l'écume d'une cascade –, les fées et les elfes nous invitent à renouer le dialogue avec leur souveraine, Titania, la reine des fées, derrière laquelle se profile le visage de la Grande Déesse chère à l'ancien paganisme. Cette Grande Déesse n'est autre que Gaïa, la Terre Mère, la Nature sacrée adorée jadis par les Grecs, les Romains et les Celtes. La « croyance » aux fées et aux elfes correspond ainsi, au-delà d'une simple superstition ou d'un désir de replonger dans le monde enchanté des contes pour enfants, à une sorte d'« écologie spirituelle » dont la planète Terre et l'humanité qui y vit ont sans doute, aujourd'hui plus que jamais, un urgent besoin.

Les Églises officielles et leurs dogmes monothéistes ont, il est vrai, beaucoup œuvré pour évincer ou diaboliser les représentants du Petit Peuple. En présentant les elfes comme des démons et les fées comme des sorcières, les inquisiteurs du Moyen Age et de la Renaissance ont eu beau jeu de poursuivre, condamner et brûler les humains suspectés d'entretenir un commerce avec eux : les sorciers, les mages, les alchimistes et autres amateurs de Kabbale. La lutte acharnée qui, en Occident, opposa longtemps le christianisme naissant à l'ancien paganisme finit par rompre le lien ténu qui existait entre l'homme et les esprits de la nature.

De la négation de ces esprits gardiens au mépris de la nature, il n'y a qu'un pas qui fut vite franchi par nos sociétés industrielles. On en connaît aujourd'hui le prix : pollution des airs et des eaux, catastrophes écologiques, épidémies. Si l'homme craignait encore la vengeance des ondines et des sirènes, oserait-il jeter ses détritus et ses nitrates dans les fleuves et les océans ? S'il redoutait le courroux des elfes et des sylphes, polluerait-il l'atmosphère avec ses cheminées d'usine et ses émanations de gazole ? On ne croit plus aux fées ni aux esprits des éléments ; mais cela n'empêche pas ces éléments de se déchaîner et de rendre folle la nature. Faut-il voir dans la multiplication des tremblements de terre, ces dernières années, une mise en garde des gnomes ? Dans la naissance des cyclones, un cri d'alerte des sylphes ? Dans les crues des fleuves et les raz de marée, une imprécation des ondines et des naïades ? Dans les incendies de forêts, une condamnation des salamandres ? Pourquoi pas ?

L'homme moderne croit tout savoir et tout maîtriser, mais il est incapable de trouver des solutions durables aux problèmes qu'il a lui-même suscités. Appeler à son secours les fées et les élémentaux ? Il n'y songe même pas. Il ne croit pas à la magie, ou bien il s'en effraie ; il ne croit qu'à la science, à laquelle il voue un culte absolu. Mais qu'est-ce que la science, sinon une magie dont on a su expliquer, en partie, les mystères ? Et qu'est-ce que la magie, sinon la confiance accordée aux forces mystérieuses qui nous entourent ? Le miracle de la vie n'est-il pas, à lui seul, le fruit d'une magie à laquelle jamais la science ne pourra se substituer ?

Oui, la vie est par essence magique, ponctuée d'instants d'illumination ou de grâce qui sont peut-être l'œuvre des fées. Car les fées, comme dans les contes, sont là pour réaliser nos vœux. Elles sont les bonnes marraines des hommes ; elles les comblent de dons dès leur berceau, leur racontent de belles histoires lorsqu'ils sont enfants et, lorsqu'ils ont atteint l'âge adulte, se tiennent prêtes à exaucer leur vœu – non pas leurs volontés, leurs caprices ou leurs désirs, mais leur grand vœu, leur vœu intime de total et complet épanouissement.

Les fées sont les agents de la Fécondité, du Tout-Possible, de la réalisation du Soi. Elles sont les gardiennes de notre Légende Personnelle, de notre Vœu d'étoile[1]. Les fées sont les symboles de notre évolution et de notre réalisation personnelle. Mais elles sont des symboles agissants, redoutablement efficaces. Il ne s'agit pas de les invoquer en vain, car elles répondent toujours. Et il faut faire très attention à la façon dont on formule son vœu – car nos aspirations, le plus souvent, ne sont pas l'expression de notre volonté profonde, mais le simple reflet des désirs, fantasmes et projections de ceux qui nous ont déterminés : nos parents, nos professeurs, notre milieu, la société. Les fées ne servent pas l'ambition, le pouvoir ou la richesse matérielle – car il ne s'agit pas là de vœux authentiques d'épanouissement personnel, mais de simples désirs de substitution. Elles ne nous aident qu'à parvenir au seul but qui doit nous importer dans cette vie : devenir nous-mêmes.

Pour parvenir à ce but ultime, il nous suffit de pousser la porte qui ouvre sur le royaume enchanté. Le royaume des fées et des elfes.

---

1. Cf. Édouard Brasey, *Le Vœu d'étoile,* Le Comptoir, 1996.

1

La Naissance des Fées

Le troisième royaume
– Des dieux, des géants et des elfes
– Fata, fades et fadas

Le troisième royaume

Hésiode, poète grec du VIIIe siècle avant J.-C., est l'auteur d'une *Cosmogonie* selon laquelle la Terre et le Ciel s'unirent à l'origine pour donner naissance à l'univers et aux dieux vivant dans chacun des quatre éléments : l'air, le feu, l'eau et la terre. Les quatre éléments formaient donc la demeure première des dieux. Les plus puissants d'entre eux montèrent ensuite au ciel, tandis que les divinités secondaires, c'est-à-dire les fées et les élémentaux, continuaient à vivre dans les éléments [1].

Ces esprits élémentaires, comme on l'a vu, se partagent en quatre classes, correspondant aux quatre éléments de la nature. À la suite de Paracelse, Jules

1. Cf., pour ce chapitre et le suivant, Édouard Brasey, *Enquête sur l'existence des fées et des esprits de la nature*, Filipacchi, 1996. Réédition J'ai Lu, « Aventure secrète », n° 4753, 1998.

Garinet, auteur de *La Sorcellerie en France*, publié en 1820, précisa les détails de cette nomenclature :

« Les démons terrestres s'appellent gnomes ; ils sont menteurs, amoureux des femmes, et gardiens des trésors.

« Les sylphes sont composés des plus purs atomes de l'air ; ils jouissent sans contradiction de ce qu'ils aiment et mettent en fuite les démons.

« Les nymphes ou ondins sont composés des parties les plus déliées de l'eau. On les fait paraître à volonté d'après une recette particulière.

« Les salamandres sont composées des plus subtiles parties du feu universel, dont elles habitent la sphère.

« Les fées, femmes des druides, sont immortelles. Elles dansent au clair de la lune, et assistent quelquefois à la naissance des princes pour leur faire un don. Il y en a de bonnes et de méchantes.

« Enfin, les ogres tiennent encore au Ténébreux Empire ; ils aiment la chair fraîche des petits garçons et des petites filles. Il y eut un ogre, comme tout le monde sait, qui avait des bottes de sept lieues [1]. »

Certaines traditions initiatiques enseignent que les élémentaux composent le « troisième royaume », en marge du royaume des anges et de celui des humains. Si les anges, ces messagers du ciel, représentent des entités purement spirituelles dont le rôle consiste à assurer le lien entre les êtres humains et la Divinité, les fées et les elfes forment des entités « énergétiques », animant la matière de leur énergie et la protégeant de tous les dérèglements qui pourraient atteindre son intégrité. Ils sont, en quelque sorte, les *esprits*

1. Jules Garinet, *La Sorcellerie en France*, Paris, 1820.

gardiens de la nature et de la matière, de la même manière qu'il existe des anges gardiens pour les hommes. Ils veillent sur la croissance et la bonne santé des animaux et des plantes et composent la part spirituelle de la terre, des pierres, des rivières ou du vent.

Ces esprits gardiens ne sont pas totalement invisibles ; ils ont un corps, même s'il ne s'agit pas d'un corps physique et matériel, comme le nôtre, mais d'un corps composé d'énergie pure, lumineux, translucide et mobile, qui se fond avec l'environnement naturel dont il adopte la forme et la couleur, à l'exemple des caméléons. C'est pourquoi il est si difficile de voir les fées : elles se confondent avec les feuillages, l'écorce des arbres, les vagues de la mer ou les nuages qui glissent dans le ciel.

Les alchimistes évoquent l'existence, sur un plan encore plus subtil, d'un cinquième élément : l'*aether*, ou éther, correspondant au *prana* des yogis hindous – le souffle et la force vitale qui animent toutes choses. Mais on ne sait rien des élémentaux qui logent dans l'éther – à moins qu'il ne s'agisse plus d'élémentaux mais, déjà, de dieux ?

Des dieux, des géants et des elfes

L'*Edda*, ancien recueil de mythologies nordiques, fait remonter l'origine des fées et des elfes aux mythes de la création du monde. Ces textes rapportent que les dieux – les *Ases* – construisirent Asgard, le monde divin, dans lequel la merveilleuse demeure d'Alfheim fut consacrée aux elfes.

D'autres légendes issues d'*Edda* racontent que la création de la terre remonte à la mort du géant Ymir, tué par les dieux qui redoutaient d'être détrônés par lui. Afin de cacher leur crime, les Immortels coupèrent la dépouille gigantesque en morceaux qu'ils éparpillèrent dans le vaste monde. C'est ainsi que la barbe du géant donna naissance aux forêts, que son front devint le ciel et que ses cheveux se transformèrent en nuages. Sa colonne vertébrale et son dos engendrèrent les montagnes, son sang forma les océans, sa peau et sa chair se muèrent en terre tandis que ses os se figeaient en pierres et en métaux. Du géant Ymir, il ne restait plus rien, mais de son corps sacrifié un monde était né. Un monde que les dieux prétendirent avoir créé de toutes pièces – transformant ainsi leur crime abominable en acte d'amour. Mais ils n'avaient pas prévu une chose : c'est que le corps d'Ymir tomberait en décomposition, livrant un grouillement de vers qui envahit bientôt la terre, les forêts, les océans et le ciel. En paraissant à la surface du corps d'Ymir – un corps aux dimensions de l'univers créé –, les vers reflétèrent un instant l'image des dieux penchés sur eux, et cette image s'imprima à jamais dans leur être. C'est ainsi que les vers devinrent semblables aux dieux – mais à échelle microscopique –, donnant naissance à la famille des elfes.

Selon leur nature propre, certains de ces elfes plongèrent dans les entrailles de la terre, du côté du froid et de l'ombre, tandis que les autres cherchaient à regagner les cieux, la chaleur et la lumière. Ainsi se formèrent d'un côté les elfes noirs, ou elfes des ténèbres, et de l'autre les elfes clairs, ou elfes de lumière – l'équivalent, dans la mythologie chrétienne, des démons et des anges.

Les elfes de lumière évoluent librement au grand jour. Ils sont gais, gracieux et bienveillants, tandis que leurs congénères noirs, lugubres et maléfiques, évoluent dans les profondeurs souterraines. Les elfes de lumière correspondent aux divinités solaires et célestes ; les elfes des ténèbres, aux divinités chtoniennes et telluriques, pour ne pas dire infernales.

Cette opposition entre elfes clairs et elfes noirs se retrouve dans les légendes et les croyances locales. Ainsi, en Allemagne et dans le nord de l'Europe, les agriculteurs qui ensemencent leurs champs placent les graines non germées, enfouies dans les profondeurs du sol, sous la protection des elfes noirs (*Schwarz-elfen*). Dès que la plante sort de terre et s'élève vers le ciel, elle passe sous la garde des elfes de lumière (*Licht-elfen*).

Un texte anonyme anglais, datant du XIe siècle, explique à son tour comment les fées, les elfes et les autres élémentaux naquirent d'une race de géants : « Lorsque au temps où les pics des si hautes montagnes étaient comme des écueils à l'infini des nues, que les mers si vastes noyaient le soleil pour le recracher de l'autre côté du monde, que les crevasses et gouffres descendaient si loin en terre, que les dragons, les salamandres et la faune monstrueuse du feu originel remontaient librement se nourrir à la surface, des Géants régnaient sur l'Ère Innocente. Il en était de bons et paisibles, de cruels et sauvages, de mauvais à l'esprit conquérant qui combattaient les dieux voisins : Détyas, Asouras, Osymandias, Titans, Nephilim, Thurses et Chrymthusars, Jœten, Hüsses, Trolls, Troller, Trolde, Cyclopes, Ogres, Kokas… Lorsque les temps nouveaux rabotèrent, polirent, asséchèrent, adoucirent l'état naturel brut pour préparer l'ère des hommes, les Géants, vaincus après s'être révoltés, s'adaptèrent à la nature en diminuant de taille. Dès lors, ils vécurent fort longtemps, devenant – par des pouvoirs magiques ravis aux divinités – Nains, Elfes, Fées, Sylphes, Gobelins, Ondins, Dews, demi-dieux,

Esprits élémentaires ou Héros. Ils prenaient toutes sortes d'apparences selon le penchant de leur essence et caractère, se changeaient en arbre, en feu, en roc, en bête, en vent ; souventes fois en chevalier et enchanteur parmi les humains. Certains reprenant leur stature pour moult raisons de cœur et d'esprit[1]. »

Une légende chrétienne, originaire d'Islande, fait remonter la race des fées et des elfes au mythe d'Adam et Ève. Celle-ci avait déjà donné naissance à plusieurs enfants lorsqu'un jour Dieu vint lui rendre visite, car il souhaitait faire la connaissance de ses petits-enfants. Or, Ève n'avait pas encore achevé la toilette de ses nombreux rejetons. Honteuse, elle dissimula derrière son dos les gamins qu'elle n'avait pas eu le temps de débarbouiller, et ne présenta à Dieu que ceux dont le visage était propre. Le Créateur ne put reconnaître que ces seuls enfants, qui devinrent des hommes. Les autres, beaucoup plus nombreux, qu'Ève avait cachés, les privant de la confrontation divine et les condamnant ainsi à l'oubli, furent à l'origine de la race des elfes et des fées.

Fata, fades et fadas

Le mot « fée » remonte au Moyen Age, autour de 1150. Dans le *Pèlerinage de Charlemagne*, une fée, nommée Maseut, exécute un magnifique dessus-de-lit, tandis que dans l'*Estoire des Engleis* de Geffrei Gaimar, Elftroed est si belle qu'Edelwold la prend pour une « fée ».

---

1. In *Aelfsidem*, traduit et commenté par W. T. Dodgsons Luchtat, 1334, Meinster.

Selon une étymologie généralement acceptée, « fée » découle du latin *fatum*, le destin, et de *fata*, nom désignant la déesse des destinées dans les inscriptions latines.

Chez les Romains, les *fata* étaient assimilées aux nymphes, sylvains et autres divinités secondaires de la nature, dont il fallait s'attirer la bienveillance grâce à des autels champêtres recouverts d'inscriptions propitiatoires. L'ethnologue folkloriste Alfred Maury (1817-1892) rapporte à ce sujet : « Tantôt c'est un *praefectus aquae* qui, sur les bords du Rhin, dresse un autel aux nymphes qui président aux ondes sacrées du fleuve ; tantôt c'est une druidesse, Arète, qui, sur l'ordre d'un songe, consacre un *ex-voto* aux sylvains et aux nymphes du lieu ; une autre fois, ce sont des charpentiers (*tignarii*) de Feurs qui réparent un temple de Sylvanus ou Sylvain. Ne voilà-t-il pas des monuments qui attestent que le culte des bois, des eaux et des fontaines s'était encore conservé dans la Gaule pendant la domination romaine [1] ? »

Dans la mythologie gréco-romaine, les nymphes portaient des noms différents en fonction des lieux de la nature au sein desquels elles résidaient. Ainsi, les dryades étaient consubstantielles aux chênes ; les hamadryades hantaient les autres arbres ; les napées rampaient dans les vallées ; les oréades se dissimulaient dans les montagnes et dans les grottes. Les naïades s'immergeaient dans les fontaines et les rivières ; les néréides se fondaient dans les océans et les mers tandis que les sirènes, représentées à l'origine

1. Alfred Maury, *Les Fées au Moyen Age. Recherches sur leur origine, leur histoire et leurs attributs, pour servir à la connaissance de la mythologie gauloise*, Paris, 1843.

comme des oiseaux à tête et poitrine de femme tenant une lyre puis, plus tard, affublées d'une queue de poisson, vivaient retirées sur des îlots rocheux vers lesquels elles attiraient, au moyen de leurs chants ensorcelants, les navigateurs imprudents. Les sylvains, enfin, couraient librement dans les forêts et les champs. Quant aux sylphes et aux sylphides, habitants de l'air, ils s'apparentaient au peuple des elfes.

Sir Walter Scott note à ce sujet : « On doit tout d'abord observer que les Romains n'avaient point omis d'enrôler dans leur mythologie un certain nombre de divinités inférieures, ressemblant par leurs habitudes aux lutins modernes. Le bon vieux M. Gibb, de la bibliothèque des avocats, [...] avait coutume de désigner, parmi les autels vénérables soumis à sa charge, un consacré aux *diis campestribus* et ajoutait habituellement avec un clin d'œil : "Les Elfes, vous savez bien !"[1] »

Ces nymphes gréco-romaines, aïeules des fées et des elfes, étaient considérées tantôt comme des bienfaitrices, tantôt comme des démons malfaisants. Dans son *Dictionnaire infernal*, Collin de Plancy précise :

« Nymphes : Démons femelles. Leur nom vient de la beauté des formes sous lesquelles ils se montrent. Chez les Grecs, les nymphes étaient partagées en plusieurs classes : les mélies suivaient les personnes et les provoquaient par leurs paroles inconvenantes. Elles couraient avec une vitesse inconcevable. Les nymphes genetyllides présidaient à la naissance des humains, assistaient les enfants au berceau, faisaient toutes les fonctions de sages-femmes, et leur donnaient

1. Walter Scott, *La Démonologie, ou l'histoire des démons et des sorciers*, Paris, 1832.

même la nourriture. Ainsi, Jupiter fut nourri par la nymphe Mélisse.

« Ce qui prouve que ce sont bien des démons, c'est que les Grecs disaient qu'une personne était remplie de nymphes, pour dire qu'elle était possédée des démons : du reste les cabalistes pensent que ces démons habitent les eaux, ainsi que les salamandres habitent le feu ; les sylphes l'air ; et les gnomes ou pygmées, la terre[1]. »

Les Italiens ont conservé ce mot de *fata* pour désigner les fées, tandis que les Provençaux et les Languedociens l'ont converti en *fada*, ou *fade*.

Le « fada », dans le midi de la France, c'est l'innocent, le simplet, le fou du village, mais le fou « inspiré » car, s'il a perdu la raison, c'est qu'il a été touché par le doigt d'une fée. Les Écossais emploient encore de nos jours le mot *fey* pour désigner un être poursuivi par la fatalité.

De nombreux lieux-dits, que la croyance populaire affirme être hantés par les fées, comportent le mot *fade* dans leur nom ; par exemple Le Réage aux fades, petite localité du Loir-et-Cher.

D'autres étymologies ont été avancées. Certains invoquent le verbe latin *fari*, qui signifie « prophétiser », et qui a donné le mot du vieux français *faer*, qui veut dire « enchanter, charmer ». *Faer* aurait ainsi donné *faé*, « enchanté », qui se serait progressivement transformé en « fée ».

Une chose est sûre : dès l'origine, les fées sont associées aux idées de destinée et de sort, bon ou mauvais. Elles sont les cousines des Parques, des Moires et des Nornes, ces fileuses de vies et de destins qui se

1. Collin de Plancy, *Dictionnaire infernal*, Paris, 1825-26.

trouvent à la base des mythologies de la création du monde.

Divinités féminines et fécondes, les fées appartiennent aussi bien au panthéon latin qu'à celui des Celtes. Les Anciens les représentaient souvent sous les traits de trois femmes tenant dans leurs mains des fleurs, des fruits et des pommes de pin, symboles d'abondance et de prospérité. Le symbole de la trinité est en effet étroitement lié aux fées ; ainsi, ce sont trois fées qui auraient bâti, à côté de Tours, le légendaire château des fées ; trois fées blondes auraient édifié des pierres druidiques à Langeac, dans le Velay ; à Sinzheim, en Allemagne, les paysans ont observé trois demoiselles blanches qui s'en vont filer à la veillée d'Epfenbach. Car les fées sont essentiellement des *fileuses* ; fileuses de mystère, de vies, de destins et de prophéties.

2

Les Territoires elfiques

Les génies du lieu – Saint Éloi part en croisade contre les fées - La Vierge Marie, patronne des fées – Les eaux miraculeuses – Feux follets – Les fées marraines

Les génies du lieu

Chez les Latins, les Celtes ou les Germains, le culte rendu aux divinités de la nature et des éléments allait de pair avec ce que les Romains appelaient le *genius loci*, le « génie du lieu ». Les autels et temples consacrés aux nymphes, aux ondines ou aux sylvains n'étaient pas édifiés n'importe où, mais à certains emplacements précis. De même, on construisait les villes sur des territoires élus entre tous pour la qualité des « esprits des lieux » qui y habitaient.

Les Anciens redoutaient les pouvoirs des fées autant qu'ils s'en émerveillaient. Ainsi, les paysans et les bergers ne s'aventuraient jamais dans les grottes construites par les fées sans pratiquer une offrande aux génies du lieu. Cette offrande pouvait se résumer à une branche d'arbre, un morceau de pain ou une goutte de lait. Ils accompagnaient leurs dons d'une parole, une formule ou un vœu qui les mettaient à l'abri de l'humeur changeante des fées, et permettaient même de s'en attirer les bonnes grâces.

C'est ainsi que les grottes druidiques de Plombières, sur la route de Dijon, ont reçu le nom de « Four des fées ». Une « Grotte aux fades » existe encore à proximité des ruines du château d'Urfé. D'autres grottes, situées dans les rochers surplombant la rive gauche du ruisseau de la Borne, entre Auvergne et Velay, ont hérité du nom de « Chambre des fées ».

Collin de Plancy nous dit : « Corneille de Kempen assure que, du temps de Lothaire, il y avait en Frise quantité de fées qui séjournaient dans les grottes, autour des montagnes, et qui ne sortaient qu'au clair de lune. Olaüs Magnus dit qu'on en voyait beaucoup en Suède de son temps. "Elles ont pour demeure des antres obscurs, dans le plus profond des forêts ; elles se montrent quelquefois, parlent à ceux qui les consultent, et s'évanouissent subitement." [1] »

À Laforêt, on recensait jadis un lieu nommé « Courtil des fées ». À Frahan et Bohan, on parle d'un « Trou des fées », ou « Trou des fayes ». Dans son *Lexique du patois gaumais de Chassepierre*, Jules Massonnet explique qu'il s'agissait de chambres creusées artificiellement dans des gisements de tuf calcaire. Albert Doppagne ajoute : « Pour presque toutes ces fées on signale le même trait : elles avaient une vache qu'elles confiaient au troupeau communal en s'acquittant régulièrement de la redevance au herdier : un repas attaché à la corne de la vache[2]. »

---

1. Collin de Plancy, *Dictionnaire infernal, op. cit.*

1. Albert Doppagne, *Esprits et génies du terroir*, Duculot, 1977.

Les tertres, les tumulus et les pierres druidiques sont également considérés comme l'ouvrage des « bonnes dames ». À quelques kilomètres de Blois, entre Pont-Leroy et Thenay, on repère une « Pierre de minuit » qui, paraît-il, tourne sur elle-même chaque année le jour de Noël. Une autre pierre tournante existe près de Tours ; elle aurait été déposée là par des fées la tenant par le bout de leurs doigts. C'est également le cas des pierres de la « Tioule de las fadas », à Pinols, près de Saint-Flour.

Ces pierres levées étaient supposées attirer les fées qui dansaient tout autour des nuits durant, à l'exemple des prêtresses celtes dont elles étaient peut-être les descendantes.

On racontait aussi, dans le nord de l'Europe, que des fées se réunissaient la nuit autour des pierres sacrées avec des instruments de musique fabuleux pour interpréter une danse appelée *chorea Elvarum*, la « danse des elfes », tout en faisant circuler entre elles une coupe contenant une liqueur merveilleuse dont une seule goutte suffisait à rendre le plus parfait imbécile aussi sage et savant qu'un dieu. Mais ces fées détestaient être observées ou dérangées durant leurs sabbats ; au moindre bruit, elles s'évanouissaient en une fraction de seconde.

Saint Éloi part en croisade contre les fées

Lors de l'essor du christianisme, tous les autels consacrés aux génies des lieux, aux dieux champêtres, aux elfes et aux fées, ainsi que les cultes qui s'y déroulaient, furent dans un premier temps condamnés et interdits par le clergé naissant.

C'est ainsi que le bon saint Éloi, parti convertir les

Belges au christianisme, insista fermement, dans son allocution pastorale, sur le blasphème que constituaient aux yeux de Dieu les luminaires et les offrandes placés auprès des rochers, des sources, des arbres, des cavernes et des carrefours.

Le vingt-troisième canon du concile d'Arles, qui s'est tenu en 442, proscrivit à son tour le culte des arbres, des pierres et des fontaines. Ces prohibitions furent reprises par des conciles ultérieurs, tels que celui de Tours, en 567, celui de Leptines, près de Binche, en 743, qui contient un florilège des principales superstitions qui animaient les Belges aux temps du paganisme, et enfin celui de Nantes, en 900.

Un capitulaire d'Aix-la-Chapelle, datant de l'an 789, taxe de sacrilèges les païens récalcitrants qui continuent à allumer des feux la nuit près des arbres, des pierres levées et des fontaines, en hommage aux entités féeriques qui y avaient élu domicile. Les lois de Luitprand renouvelèrent l'interdiction.

Mais toutes ces mesures se révélèrent inefficaces. Le peuple, siècle après siècle, continuait à braver les interdits pour aller rendre ses hommages au petit peuple des fées. Aussi, les gens d'Église furent-ils amenés peu à peu à reconvertir ces temples païens en lieux de culte chrétiens. Alfred Maury explique : « Ces forêts sacrées que les Celtes avaient si longtemps honorées comme la demeure des divinités, dans lesquelles ils n'entraient que comme dans un sanctuaire, l'âme saisie d'une crainte religieuse, ces forêts, dis-je, continuèrent à inspirer le même respect, la même vénération. Des images pieuses furent placées sur les arbres jusqu'alors adorés, sur le chêne, le hêtre, le tilleul et l'aubépine ; et le peuple, en venant, selon son antique coutume, se prosterner sous leur ombre, honora presque à son insu un nouveau dieu[1]. »

La Vierge Marie, patronne des fées

La plupart des hauts lieux chrétiens furent édifiés sur d'anciens lieux de culte païens. Ainsi, le mont Tombe, ancien lieu de pèlerinage celte, fut transformé en Mont-Saint-Michel. La cathédrale de Paris fut élevée sur l'emplacement d'un ancien temple gaulois consacré à Lug, le dieu de la Lumière. Et les autels champêtres, les arbres sacrés et les grottes habitées par les fées furent reconvertis en lieux d'adoration de la Vierge Marie qui, de ce fait, devint la patronne des fées. Certains affirment même que bon nombre des miracles ou apparitions mariales qui se déroulèrent dans ces anciens lieux païens n'étaient, en définitive, que des manifestations de fées… En réalité, et contrairement à ce qu'affirmait l'Église médiévale, la croyance aux fées ne s'oppose en rien à la croyance chrétienne ; au contraire : elle l'annonce par bien des points. Rappelons par exemple l'importance du chiffre trois dans les manifestations féeriques. Or, le trois est également le symbole de la Trinité chrétienne. Les Églises chrétiennes primitives l'ont bien compris : ainsi, l'on peut voir en Grèce une icône orthodoxe dans laquelle le Christ donne sa bénédiction à des créatures ailées qui ressemblent autant à des elfes qu'à des anges.

Alfred Maury note à ce propos : « C'était ordinairement une image de la Vierge que les prêtres plaçaient

1. Alfred Maury, *Les Fées au Moyen Age, op. cit.*

au-dessus des arbres sacrés. Le vieux chêne de la Loupe paraît avoir été un de ces anciens monuments du culte druidique ainsi métamorphosés en relique chrétienne ; on l'appelle aujourd'hui le chêne de la bonne Vierge[1]. M. de la Villemarqué cite un fait bien curieux, et qui prouve à quel point les anciennes superstitions résistent longtemps, même au progrès des lumières. Au mois d'août 1835, dit-il, tous les habitants de la paroisse de Concoret (département du Morbihan) se rendirent processionnellement, bannières et croix en tête, au chant des hymnes et au son des cloches, à la fontaine de Barenton et dans la forêt de Brechéliant[2], pour demander la pluie au ciel[3]. »

Les landes et les forêts de Bretagne ou d'Écosse sont remplies, encore aujourd'hui, d'empreintes qui témoignent du passage des fées et des anciens enchanteurs. Les dolmens furent transformés en calvaires ; les fontaines magiques et les grands chênes des druides furent consacrés à la Vierge, et les plantes et herbes médicinales aux vertus merveilleuses, que les sorcières allaient ramasser au clair de lune, furent placées sous le patronage des saints du calendrier. Mais, sous le manteau de la religion, les fées continuaient à assurer leur fonction de marraines des hommes.

Les eaux miraculeuses

Les fées ne vivent pas seulement dans les mondes de légende. Les fontaines et les puits sont eux aussi

---

1. Joseph L. Fret, *Antiquités et chroniques percheronnes*, t. I, p. 26, 1978 (rééd. Laffitte).
2. Brocéliande.
3. Alfred Maury, *Les Fées au Moyen Age, op. cit.*

leurs refuges. Aux alentours de Bord-Saint-Georges, à côté de Chambon, se trouve un vieux puits en ruine qui fut surnommé le « Puits des fées », ainsi que sept bassins formant les « Creux des fades ». Près de là, sur la roche de Beaune, on distingue nettement deux empreintes de pieds humains, dont l'une est attribuée à Titania, la reine des fées, qui, un jour de colère, aurait martelé de son talon le rocher jusqu'à en laisser la marque. La souveraine furieuse aurait en outre tari les sources minérales remplissant les creux des fées. Leur cours aurait ainsi été dévié jusqu'à Évaux.

Car les eaux minérales, dotées de vertus médicinales connues dès le Moyen Age, jaillissaient, dit-on, de sources magiques habitées par les fées. C'est le cas des eaux minérales de Murat-le-Quaire, placées sous le patronage des fées par les montagnards d'Auvergne. Quant aux habitants de Gloucester, ils affirment que neuf fées veillent en permanence sur les eaux thermales de leur ville. Citons enfin la source thermale de Domrémy, qui coulait à proximité de l'Arbre des fées, dans le lieu-dit du Bois-Chesnu, et sous lequel venait souvent méditer Jeanne d'Arc en proie à ses visions et ses voix surnaturelles. Des fées... peut-être ?

Feux follets

En langue gaélique, les elfes sont appelés *sidhes*, le peuple des collines, car les collines du Pays de Galles sont parfois illuminées par des milliards de lucioles et de feux follets que les paysans considèrent comme des esprits elfiques. Ce phénomène lumineux s'observe de préférence, dit-on, le jour de la Saint-Pierre-aux-liens, c'est-à-dire le 7 août.

À l'article « Follets » de son *Dictionnaire infernal*, Collin de Plancy observe le même type de croyances en France : « On appelle feux follets, ou esprits follets, ces exhalaisons enflammées que la terre, échauffée par les ardeurs de l'été, laisse échapper de son sein, principalement dans les longues nuits de l'avent ; et, comme ces flammes roulent naturellement vers les lieux bas et les marécages, les paysans, qui les prennent pour des démons, ou tout au moins pour de malins esprits, s'imaginent qu'ils conduisent au précipice le voyageur égaré que leur éclat éblouit, et qui prend pour guide leur trompeuse lumière[1]. »

En 1690, le pasteur écossais Kirk affirmait que les fées « changent de demeures au commencement de chaque trimestre, et ainsi jusqu'au jour du Jugement dernier, étant incapables de séjourner dans un même endroit, et trouvant quelque agrément à voyager et à changer de résidence. Leurs corps de caméléons nagent dans l'air près de la terre, avec armes et bagages ; et à ces époques, les voyants ou hommes possédant la seconde vue ont, avec eux, de terribles rencontres, même sur les grandes routes, et par conséquent, ils évitent habituellement de voyager pendant ces quatre grands moments de l'année, et par suite ont créé l'usage observé jusqu'à ce jour parmi les Écossais-Irlandais d'aller à l'église strictement chaque premier dimanche du trimestre pour se faire bénir, ainsi que leurs blés et leurs troupeaux, et se préserver des vols et des coups de ces tribus errantes[2]. »

1. Collin de Plancy, *Dictionnaire infernal, op. cit.*
2. Robert Kirk, *La République mystérieuse, op. cit.*

Les fées marraines

Les fées sont toujours associées au mystère de l'enfantement et de la naissance. Elles sont avant tout des « marraines », qui distribuent leurs dons au-dessus du berceau des nouveau-nés et prophétisent leur carrière future.

La *Légende de saint Armentaire*, composée vers l'an 1300 par un dénommé Raymond, gentilhomme de Provence, rapporte que les femmes en mal d'enfantement allaient rendre des sacrifices sur une pierre sacrée nommée la *Lauza de la fada* en l'honneur de la fée Estérelle, qui a donné son nom au massif de pins qui se trouve aux abords de Cannes, à l'intérieur des terres, et où fut bâti plus tard le monastère de Notre-Dame-de-l'Estérel.

Les marraines fées sont les bienfaitrices des hommes. Lorsqu'elles apparaissent à leur vue, c'est généralement pour exaucer leurs vœux ou leur faire un cadeau.

Mais leurs dons sont souvent paradoxaux. Au premier abord, ils semblent négligeables ; ce n'est qu'après un certain temps qu'ils dévoilent leur valeur véritable. Le docteur Roger Mignot rapporte un récit mettant en scène l'un de ces dons ambigus : « Une fée remplit le tablier d'une jeune femme avec quelque chose qu'elle ne doit absolument pas voir avant d'être rentrée dans sa demeure. Avide de curiosité, elle regarde cependant, et se rend compte avec surprise qu'elle transporte des morceaux de charbon. Elle les jette à terre, sauf deux, qu'elle conserve. Arrivée chez elle, les deux morceaux de charbon se sont transformés en pierres précieuses. Lorsqu'elle retourne pour essayer de retrouver les autres morceaux, ils ont disparu [1]. »

Dans la petite agglomération de Rouge-Vie, à côté de Champagney, en Haute-Saône, on raconte qu'autrefois douze fées avaient coutume de venir animer les veillées avec leurs quenouilles. Un jour qu'elles étaient conviées à un mariage, elles apportèrent en guise de cadeau de noces des rameaux de sapin qu'elles offrirent à la mariée et ses amies. Ces dernières firent grise mine, et jetèrent les branches, sans intérêt pour elles. La jeune épouse, elle, conserva cet étrange cadeau, et bien lui en prit, car elle eut la surprise, le lendemain matin, de découvrir que sa simple tige de sapin s'était métamorphosée en rameau d'or.

Le docteur Delogne, médecin folkloriste qui a collationné au début du siècle les témoignages de paysans affirmant avoir rencontré des fées, cite notamment le récit d'un certain Jean-Baptiste Duseur, âgé de quatre-vingt-neuf ans en 1913. Celui-ci lui raconta qu'une sage-femme de Vresse avait aidé une fée à accoucher. Pour seul paiement de ses services, elle avait reçu deux épis de blé. Mais en rentrant chez elle, la sage-femme constata que les deux épis s'étaient changés en or [2].

Un auteur anglais du nom de Hartland, dans son livre *Science of Fairy Tales*, propose une explication : « Le don d'un objet apparemment sans valeur qui se transforme, si l'on observe les recommandations, en objet de la plus grande valeur possible est communément employé dans les transactions de fées. Il est

1. Docteur Roger Mignot, *Les Fées franc-comtoises*, chez l'auteur, 1984.

2. Docteur Delogne, *Ardenne méridionale belge.*

une des manifestations les plus évidentes du pouvoir surhumain. »

On trouve surtout là une illustration du savoir voilé que dispensent les fées à leurs protégés. Si elles offraient trop facilement leurs trésors, il n'y aurait aucun mérite à les accepter. N'importe qui pourrait s'enrichir sans peine.

En réalité, les élus des fées savent que leurs marraines exigent d'eux discernement et persévérance. Le charbon qu'elles leur offrent porte en lui un germe d'or – comme les ténèbres portent le germe de la lumière –, mais c'est à l'être humain de savoir le reconnaître et l'extraire. Les dons des fées s'accompagnent toujours d'une certaine sagesse.

3

Le Temps féerique

Le calendrier des fées – Le rendez-vous annuel des fées – Les cercles de fées – L'écoulement du temps en Féerie – Shon ap Shenkin – La chanson des korrigans

Le calendrier des fées

Certaines époques de l'année sont plus particulièrement associées à la présence des fées, notamment les solstices et les équinoxes. Mais les grandes dates où l'on peut voir le plus facilement des fées sont le 25 mars – *Lady Day*, le jour de l'Annonciation –, la veille du 1er mai – la nuit de Walpurgis, précédant la fête de Beltaine chez les Celtes –, la veille du 24 juin – la Saint-Jean, la *midsummer'night* de Shakespeare –, le 1er août (*Lammas*, en Écosse) et la veille du 1er novembre – la Toussaint, ou la nuit d'Halloween, précédant la fête de Samain chez les Celtes.

Leur apparition, toutefois, est toujours fugace. On dit que l'on ne peut voir les fées que durant le temps qui sépare deux clignements d'yeux. C'est pourquoi les Anciens mettaient en garde les enfants contre le fait de demeurer trop longtemps les yeux grands ouverts sans ciller ; ils pouvaient alors voir des fées, mais cette vision était considérée comme dangereuse.

Les nuits de la Pleine Lune, celles qui la précèdent et qui la suivent, sont très favorables aux manifestations de fées, ainsi que certains moments charnières de la journée : l'aube, le plein Midi, le crépuscule. De même, les jours de la semaine n'ont pas tous la même importance pour les fées. Elles sont particulièrement puissantes le vendredi, qui est le dimanche des fées – car le dimanche, jour du Seigneur chez les Chrétiens, est tabou pour les fées. Le mercredi est également un jour dangereux, presque autant que le vendredi. En revanche, dans les Highlands d'Écosse, on pense que le jeudi, on peut parler librement des fées sans qu'elles entendent ce que l'on dit à leur sujet.

Le rendez-vous annuel des fées

Alfred Maury détaille les étranges pouvoirs des fées, qu'il nomme les korrigans : « En un clin d'œil les korrigans peuvent se transporter d'un bout du monde à l'autre. Tous les ans, au retour du printemps, elles célèbrent une grande fête de nuit ; au clair de lune, elles assistent à un repas mystérieux, puis disparaissent aux premiers rayons de l'aurore. Suivant les mêmes traditions, ces fées sont ordinairement vêtues de blanc ; cette couleur rappelle celle du vêtement des druidesses ; elle explique ce surnom de dames blanches qui leur a souvent été donné [1]. »

Ce rendez-vous annuel des fées, sur convocation

1. Alfred Maury, *Les Fées au Moyen Age, op. cit.*

de leur reine Titania, est attesté dans la plupart des récits populaires. On prétend que leurs actions de l'année écoulée étaient jugées par leur souveraine, qui n'hésitait pas à punir celles qui avaient abusé de leurs pouvoirs magiques.

Ces pouvoirs mystérieux pouvaient aller très loin. Les fées étaient bien entendu capables d'exaucer les souhaits des humains, mais elles pouvaient également s'amuser d'eux à leurs dépens, par exemple en les métamorphosant en animaux, comme le faisaient déjà les nymphes de l'Antiquité romaine.

Elles-mêmes étaient astreintes à une étrange loi, selon laquelle elles devaient, durant quelques jours chaque année, quitter leur baguette magique et prendre la forme d'un animal, généralement un oiseau, un cerf ou une biche, parfois un sanglier. Elles tombaient alors à la merci de n'importe quel prédateur ou de n'importe quel humain, et ne disposaient d'aucun moyen surnaturel pour échapper aux pièges que leur tendaient la nature ou les hommes. Elles pouvaient tomber malades, être blessées et même mourir... Sans doute devaient-elles ainsi payer leur tribut à la terre et aux animaux, dont elles étaient le reste du temps les maîtresses absolues.

Les cercles de fées

On sait également que, la nuit, les fées exécutent des rondes folles dans les clairières des forêts. Au petit matin, on peut relever les traces laissées dans l'herbe par leurs petits pieds : c'est ce qu'on appelle les « cercles de fées » ou « anneaux des fées », que l'auteur américain W. Y. Evans Wentz, étudiant le folklore celte au début du siècle, a décrit ainsi :

« L'herbe ne pousse jamais haut sur les bords de l'anneau, car elle est de l'espèce la plus courte et la plus fine. Au centre, poussent en rond les champignons-fées dont les fées se servent pour s'asseoir. Ce sont de toutes petites gens qui aiment danser et chanter[1]. » Un autre auteur, Leroux de Lincy, étudiant les légendes scandinaves, a noté : « Les fées sont responsables de cercles d'un vert brillant appelés "dancing des fées", que l'on aperçoit sur les pelouses. Même de nos jours, quand un fermier danois découvre à l'aube un tel anneau, il dit que les fées sont venues danser pendant la nuit. »

Quant à Stanislas de Guaita, grand mage et occultiste du siècle dernier, il précise : « Les familiers de la chasse aux pâquerettes rencontrent souvent, sur les collines herbues, des bandes circulaires d'un vert plus sombre où la végétation plus touffue est, aussi, plus haute de moitié. Très souvent hémicycliques, épanouies, parfois, en une parfaite circonférence, ces bandes diffèrent de diamètre et de largeur ; elles semblent tracées au compas et s'empourprent à l'automne d'un diadème d'oronges et d'autres cryptogames aux vives couleurs. Une vieille tradition nous affirme que les Fées ont dansé là leur ronde, au clair de lune[2]. »

Ce phénomène étrange, fort fréquent en certaines régions et à certaines époques, a bien entendu attiré la curiosité des scientifiques, qui ont cru élucider le mystère des cercles de fées en invoquant un simple phénomène électrique d'origine atmosphérique…

---

1. W. Y. Evans Wentz, *The Fairy-Faith in Celtic Countries*, Oxford University Press, 1911.
2. Stanislas de Guaita, *Le Temple de Satan*, Paris, 1915.

Mais qui a dit que l'énergie des fées n'était pas de nature électrique et atmosphérique ?

Il faut prendre garde aux baisers des fées, à leurs boissons délicieuses, et aussi à leurs rondes folles ! Le malheureux qui pose par inadvertance un pied à l'intérieur d'un tel cercle se verra aussitôt emporté par les fées et les elfes, qui le contraindront à danser avec eux. Dès lors, il lui sera impossible d'échapper à cette attraction, à moins que l'un de ses camarades – s'il est accompagné –, lui-même retenu par d'autres par les pans de son habit, ne glisse son bras à l'intérieur du cercle et ne l'en arrache.

L'écoulement du temps en Féerie

Il est fort dangereux de se retrouver sous l'emprise de la danse des fées. Celle-ci paraîtra courte au danseur imprudent mais, en réalité, elle pourra durer des jours, des années, voire des siècles !

L'écoulement du temps en pays de Féerie est en effet totalement arbitraire. Une minute de temps féerique peut durer un an, ou cent ans, mais une année peut se dérouler en une fraction de seconde. Le temps peut également aller à rebours, ou bien sauter sans cesse entre passé et futur. On ne sait jamais à l'avance, et il est impossible de mesurer le temps des fées selon des critères humains. Seules les fées décident. Et encore, on se demande parfois si leur temps répond à des lois précises, ou bien dépend de l'humeur et des caprices des êtres de Féerie.

En réalité, l'accélération, le ralentissement ou l'immobilisation du temps en Féerie est toujours le fait d'un enchantement. Ainsi, dans les palais des elfes, parfois le temps s'arrête, et les mortels qui s'y trouvent enfermés demeurent figés pour l'éternité dans la pose qu'ils avaient adoptée lors de leur enlèvement par les Bons Voisins. Le forgeron armé de son marteau retient son bras suspendu, la fileuse reste assise à son rouet, le nouveau-né a les yeux fermés, le violoneux garde ses doigts crispés sur le manche de son instrument. Le temps des fées peut ressembler à un sommeil aussi long que la mort, comme dans le château de la Belle au Bois Dormant.

Mais parfois, dans une taverne d'Irlande pleine de bruit où l'on chante en buvant de la bière, voici qu'un musicien inspiré par les fées tire de son violon des accents tellement entraînants que toute l'assistance est contrainte de se lever pour danser, y compris les vieillards et les estropiés. Ils lèvent haut la jambe, sautent en l'air, tournent en vrille sur eux-mêmes, incapables de maîtriser leurs gestes, irrésistiblement entraînés par le crin-crin du diable qui les fera ainsi danser jusqu'à l'épuisement complet, et même parfois la mort. La seule parade à cette danse forcenée consiste, pour le musicien, à rejouer sa ballade à l'envers, de la fin jusqu'au début, sans sauter ni oublier une seule note. Ce n'est qu'à cette condition que le sortilège sera levé et que les danseurs pourront se reposer.

D'autres fois encore, il n'est même pas besoin de danser pour subir l'attraction magique des elfes. Le moindre de leurs concerts fait perdre à celui qui l'écoute la notion du temps, même s'il doit durer cent ans !

Le Temps féerique

Shon ap Shenkin

Une légende irlandaise raconte l'histoire d'un jeune homme, appelé Shon ap Shenkin, qui un matin d'été fut attiré dans un bois par une musique surnaturelle, jouée par des musiciens invisibles. Pour mieux l'écouter, il s'allongea sous un arbre jeune et vigoureux, et se laissa bercer par la merveilleuse mélodie. Lorsque les dernières notes s'évanouirent, le jeune homme poussa un long soupir avant de se dresser. Il fut tout d'abord surpris de constater que l'arbre contre lequel il s'était reposé n'était plus qu'un tronc mort. Il rentra chez lui, pour raconter son aventure à ses parents, mais, à la place de sa jolie maison fleurie, il n'y avait plus qu'une vieille bâtisse couverte de lierre. Sous le porche était assis un très vieil homme que Shon n'avait jamais vu. Il s'approcha du vieillard, et lui demanda ce qu'il faisait là.

– J'habite ici depuis près de quatre-vingts ans, mon gars. Et toi, d'où viens-tu ?

– De la forêt, monsieur, où je ne suis pas resté plus d'une heure. Et j'ai le regret de vous dire que c'est moi qui habite cette maison, avec mes parents. Vous ne les avez pas vus ?

Le vieil homme dévisagea Shon attentivement, en fronçant les sourcils, puis lui répondit prudemment :

– Je n'ai vu personne, vu que je vis seul depuis la mort de ma femme. Mais, dis voir, quel est ton nom, mon gars ?

– Shon ap Shenkin, monsieur, pour vous servir.

À ces mots, le vieil homme devint tout pâle et se mit à trembler, avant de répliquer :

– Shon ap Shenkin ! Tu es mon oncle Shon ap Shenkin ! Mon grand-père m'a souvent parlé de toi !

Tu es l'un de ses fils, qui a disparu un matin dans la forêt pour ne plus jamais revenir !

À peine le vieillard eut-il fini sa phrase, que le jeune homme, de soixante ans plus jeune que son propre neveu, fut réduit en poussière [1].

La chanson des korrigans

En Bretagne, les fées sont appelées « korrigans », ce qui signifie « petites femmes » ou « petits génies ». Une légende raconte que jadis les korrigans faisaient l'objet d'une malédiction qui les contraignait à danser en rond autour des pierres levées en chantant toujours le même refrain :

Lundi, mardi, mercredi...
Lundi, mardi, mercredi...

Une nuit, un bossu qui habitait le village voisin observa l'étrange manège des petites fées. Lorsqu'elles arrivèrent au mercredi, il sauta dans leur cercle en entonnant la suite de la chanson :

Jeudi, vendredi, samedi...

Ravies de pouvoir enrichir leur monotone refrain, les korrigans reprirent en chœur :

Lundi, mardi, mercredi...
Jeudi, vendredi, samedi...

Pour remercier l'aimable bossu, les petites fées lui donnèrent le choix de sa récompense : la richesse ou

1. Cité par Brain Froud et Alan Lee, *Les Fées*, Albin Michel, 1979.

la beauté. Le bossu choisit la beauté, et se vit aussitôt délesté de sa malencontreuse bosse.

Le lendemain, au village, chacun commenta l'étrange aventure du bossu sans bosse. Sa taille désormais droite et élancée attestait à elle seule de sa rencontre avec les généreuses korrigans. Toutefois, cette bonne fortune suscita l'envie d'un deuxième bossu qui, la nuit suivante, guetta à son tour les fées. Au moment où elles en étaient au samedi, il sauta dans le cercle en s'écriant niaisement :

Dimanche !

Il croyait ainsi faire plaisir aux korrigans, et mériter d'elles une belle récompense. Mais les korrigans n'étaient pas ravies du tout, car ce dimanche ne rimait pas avec les autres jours de la semaine et rendait leur chanson bancale. Maussades, elles chantèrent tout de même :

Lundi, mardi, mercredi...
Jeudi, vendredi, samedi...
Dimanche !

Et comme elles n'avaient qu'une parole, elles demandèrent au bossu ce qu'ils désirait comme récompense : la beauté ou la richesse. Le bossu, qui était aussi cupide qu'il était sot, s'écria alors :

– Je désire ce que le premier bossu n'a pas voulu !

Il croyait par ces mots obtenir la richesse ; il ne fut gratifié que d'une seconde bosse, celle-là même dont le premier bossu n'avait pas voulu.

Le lendemain, tout le village fit des gorges chaudes en contemplant ce double bossu dont les korrigans avaient puni la maladresse. Cela donna au premier bossu – qui ne l'était plus – l'idée de retourner la nuit suivante dans la clairière aux korrigans. Là, il observa longtemps la ronde des petites fées :

Lundi, mardi, mercredi…
Jeudi, vendredi, samedi…
Dimanche !
Lundi, mardi, mercredi…
Jeudi, vendredi, samedi…

Avant qu'elles aient terminé leur refrain, il sauta dans leur cercle en entonnant de bon cœur :

Et le dimanche aussi,
Et voilà la semaine finie !

Quelle joie parmi les korrigans ! Cette fin leur convenait beaucoup mieux, car elle rimait avec le reste de la chanson. Aussi chantèrent-elles avec leur sauveur :

Lundi, mardi, mercredi…
Jeudi, vendredi, samedi…
Et le dimanche aussi,
Et voilà la semaine finie !

Et, pour récompenser une nouvelle fois le bossu sans bosse, elles lui donnèrent, en plus de la beauté, la richesse. Pour faire bonne mesure, elles lui confièrent en outre un plat merveilleux qui avait le pouvoir de se remplir de nourriture trois fois par jour. Et c'est ainsi que le bossu sans bosse vécut le restant de sa vie beau et riche, et à l'abri de la faim.

4

Les Fées au Jardin et à la Cuisine

Les fées des fleurs – Les sept plantes magiques – Arbres à fées et perchoirs à elfes – Les esprits sombres de la forêt – La cuisine des fées – La fée du foyer

Les fées des fleurs

Les fées et les elfes sont les esprits gardiens des bois et des jardins ; ce sont eux qui confèrent leurs pouvoirs magiques au règne végétal. Les fées des fleurs, notamment, veillent à la croissance et à la bonne santé des plantes d'agrément. Elles font leur toilette, les parfument et peignent un à un leurs pétales.

Hautes de quelques centimètres à peine, pourvues d'ailes translucides qui frétillent au soleil, ces fées-là volent comme des papillons en butinant le suc des fleurs.

Henri Durville souligne cette fonction essentielle des fées : « Généreuses pour l'homme, les fées bienfaisantes étaient les charmantes gardiennes de la nature.

« Ce sont elles qui faisaient la toilette du printemps en secouant de sa robe les bêtes sinistres et difformes. Elles ramenaient le calme au sein des éléments troublés et faisaient renaître la paix dans le cœur des humains [1]. »

C'est ainsi qu'à chaque type de fleur est dévolue une fée gardienne. La fée du rosier est gracieuse et fragile, auréolée d'une douce lumière. La fée de la ciguë, en revanche, ressemble à un squelette, rappelant ainsi les propriétés toxiques de la plante. En Angleterre, la *pillywiggin* est une fée minuscule, de la taille d'une abeille, que l'on trouve près des fleurs sauvages poussant au pied des chênes. Pour se faire une idée plus précise de l'apparence de ces fées des fleurs, il faut feuilleter les délicieuses illustrations de Cicely Mary Barker pour ses *Flower Fairies* [2], publiées entre 1923 et 1948 : on y voit de jolies petites fées ailées dont les robes se confondent avec les couleurs des fleurs auxquelles elles sont attachées.

Les fées des fleurs vivent donc en osmose étroite avec le monde végétal, qu'elles revivifient en permanence grâce à leur énergie éthérique et spirituelle. Elles aident à transmuter les éléments chimiques ; elles catalysent l'énergie de l'atmosphère afin de la rendre assimilable par les fleurs. Les fées sont donc les *devas*, les « anges gardiens » des plantes, et tout jardinier doit davantage compter sur leur collaboration que sur son propre savoir-faire s'il désire avoir un beau jardin.

---

1. Henri Durville, *Les Fées, op. cit.*
2. Cicely Mary Barker, *The Complete Book of Flower Fairies*, rééd. Frederick Warne, 1997.

Les sept plantes magiques

Si toutes les fleurs ont leur fée attitrée, certaines plantes bénéficient de la protection de fées particulièrement puissantes. On cite ainsi les sept plantes magiques par excellence, dont l'usage préserve de toutes les attaques naturelles ou surnaturelles. Il s'agit de l'herbe de la Saint-Jean, de la verveine, de la véronique, de l'euphrasie, de la mauve, de l'achillée et de la brunelle. Il est conseillé de les cueillir à midi, par une journée ensoleillée, en période de pleine lune.

De ces sept plantes, l'herbe de la Saint-Jean représente une véritable panacée. Vulnéraire absolu, elle guérit toutes les affections et maladies causées par les mauvaises fées, tels que les points de côté, les démangeaisons et les crampes. Portée en talisman, elle préserve des brûlures de fées, de la sorcellerie et du pouvoir du démon. L'achillée possède également d'extraordinaires vertus préservatives et protectrices.

D'autres fleurs sont dotées de merveilleux pouvoirs féeriques. Ainsi, les primevères permettent de découvrir les trésors cachés gardés par les fées, de même que les myosotis. En Irlande, on a coutume d'éparpiller des primevères sur le seuil de la maison afin d'éloigner les mauvais esprits. On dit en revanche qu'un bouquet de primevères peut porter malheur s'il comporte moins de treize fleurs, en particulier dans une église. Il faut alors compléter le nombre avec des violettes. Dans le Somerset, on raconte l'histoire d'une jeune fille qui s'était égarée dans la forêt pour cueillir des primevères. Lorsque son bouquet comporta treize fleurs, une légion de petites fées jaunes apparut. Elles offrirent des présents à la jeune fille et lui indiquèrent le chemin de sa maison. Un vieil avare voulut l'imiter, mais il se trompa dans le nombre de fleurs à cueillir, et personne ne le revit jamais. Toujours dans le Somerset, les pervenches sont appelées « violettes des sorcières ». L'on dit aussi qu'il est dangereux de rapporter du thym sauvage à la maison, car il s'agit d'une herbe à fées [1].

Les digitales sont également des fleurs très contestées. On les appelle les « gants des fées », et il est dangereux de les cueillir pour les ramener chez soi. En revanche, les Irlandais prétendent que le jus de dix feuilles de digitales guérit un enfant frappé par les mauvais esprits.

Certaines plantes sont entièrement la propriété des fées, et il ne faut y toucher sous aucun prétexte. C'est le cas notamment de la jacobée et de l'ivraie, au sein desquelles les fées trouvent refuge. Dans le Somerset, on sait qu'il ne faut jamais s'aventurer à cueillir des jacinthes des bois, au risque de se retrouver prisonnier des fées jusqu'à ce que quelqu'un vienne vous délivrer. Le même incident peut advenir si l'on cueille les tulipes des jardins, sur lesquelles des fées veillent jalousement.

D'une manière générale, il faut donc s'abstenir de couper les fleurs et les plantes sans nécessité absolue, à l'exception peut-être des graines de fougère qui, cueillies la veille de la Saint-Jean, ont le pouvoir de rendre invisible, ou de l'armoise, bien connue des coureurs à pied. En effet, une feuille d'armoise glissée dans la chaussure permet de courir une journée entière sans éprouver la moindre fatigue.

1. Cité par K. M. Briggs, *The Fairies in Tradition & Literature, op. cit.*

Arbres à fées et perchoirs à elfes

Les arbres sont également sous la protection des fées, notamment le hêtre, ou fayard, qu'en Franche-Comté on appelle *fau*, c'est-à-dire « fée ». Ce terme désigne également les pierres levées et les menhirs, qui sont surnommés pour cette raison « quenouilles de la fau [1] ».

En Suède, on croit que les tilleuls forment la demeure préférée des elfes, et on les vénère pour cela. Les frênes sont également considérés comme des perchoirs à elfes. Dans la mythologie nordique, c'est à l'ombre du frêne Yggdrasil, planté à côté de la fontaine Urd, que les Nornes filaient les mailles du destin, inspirées par les elfes. Dans le Somerset, le frêne protège les troupeaux des attaques des sorcières et des esprits malins, de même que le sorbier. En Angleterre, il existe d'ailleurs des frênes sacrés que personne n'oserait couper, au risque d'attirer le malheur ou la foudre. L'aulne est également un arbre sacré. On raconte qu'un paysan voulut couper la branche d'un aulne, mais il fut interrompu par la vision de sa ferme en feu. Il se précipita vers le lieu du sinistre, mais parvenu sur place, il ne vit aucune trace de feu. Il revint donc à son arbre pour en couper la branche, et la même vision le reprit. Il courut à nouveau chez lui, mais il s'agissait à nouveau d'une illusion. Il revint alors une troisième fois à l'arbre et, cette fois-ci, décida de ne plus se laisser distraire. Il coupa donc la branche de l'aulne, tandis que sa ferme brûlait au loin. Mais lorsqu'il rentra

1. Docteur Roger Mignot, *Les Fées franc-comtoises, op. cit.*

tranquillement chez lui, il ne restait plus que des cendres[1].

D'autres arbres reçoivent la visite des elfes, mais malheur aux imprudents qui s'attardent près d'eux, car ils pourraient bien devenir les jouets des elfes malicieux ! Les aubépiniers sont particulièrement dangereux, de même que les pruniers épineux, les noisetiers, les aulnes ou les chênes. Selon certains auteurs, la pire des combinaisons semble être celle qui associe deux aubépiniers et un aulne, ou encore un chêne, un frêne et un aubépinier. Il faut aussi sans doute ajouter le sureau, dont on dit qu'il s'agit d'une sorcière qui a pris la forme d'un arbre ; lorsqu'on le coupe, il saigne. D'autres prétendent au contraire que le sureau représente un abri très sûr contre les sorcières et les mauvais esprits.

En Irlande, le noisetier est l'arbre de la connaissance mystique ; en Angleterre, il est un symbole de fertilité, que l'on mesure à l'abondance de ses noisettes. Dans le Somerset, on offre un plein sac de noix à la nouvelle mariée pour lui souhaiter un mariage fécond. Le pommier est l'arbre de l'enchantement. On sait que c'est sous un pommier que Lancelot dormait lorsque les quatre reines des fées vinrent l'enlever. Et l'île d'Avalon, qui est le paradis des fées celtes, est souvent appelée l'« Ile des pommes ».

Les esprits sombres de la forêt

Les esprits de la nature ne sont pas toujours bienveillants à l'égard des hommes. Certains se révèlent même de véritables monstres de cauchemars, tapis au

1. Cité par W. G. Wood-Martin, *Traces of the Elder Faiths of Ireland*, 2 volumes, Londres, 1902.

creux des arbres ou à l'ombre des futaies. Gare au promeneur attardé qui longe leurs tanières durant la nuit. Il risque fort de regretter son imprudence.

Ainsi, dans le Somerset, on sait que les halliers qui surgissent des troncs des chênes abattus sont hantés par les esprits furieux des arbres. Il est recommandé d'éviter de passer à proximité une fois le soir tombé, au risque de se faire lacérer par les doigts broussailleux de ces esprits criant vengeance. On sait aussi que les saules ont la sinistre habitude de marcher derrière les promeneurs égarés dans la nuit, tout en grommelant. Les bouleaux sont encore plus inquiétants, car ils sont connus pour être les arbres des morts. « Celui à la main blanche », un elfe de la lande que l'on trouve dans le Somerset, surgit des taillis de bouleaux pour effrayer les gens. Ainsi, les enfants de l'école de Taunton racontaient il y a peu que l'un de ces esprits hantait les broussailles environnant les chênes et les bouleaux. Sitôt qu'un promeneur nocturne passait à proximité, l'elfe jaillissait de sa cachette et poursuivait sa victime en courant si vite que celle-ci n'avait aucune chance de lui échapper. Cet elfe sombre était vêtu d'un costume de feuilles mortes s'agitant dans le vent ; son visage était d'une pâleur cadavérique, et sa longue main blanche et décharnée ressemblait à une branche flétrie. Si cette main effleurait la tête d'un mortel, ce dernier devenait fou à jamais. Si elle lui touchait le cœur, il mourait dans l'instant. La marque de cette main demeurait imprimée sur la poitrine du malheureux. Un homme courageux finit par terrasser ce monstre en lui jetant une pleine poignée de sel[1].

---

1. Cité par K. M. Briggs, *The Fairies in Tradition & Literature, op. cit.*

La cuisine des fées

De quoi se nourrissent les fées et les elfes ? De l'air du temps, des couleurs des saisons, de la rosée du matin, des baies rouges fraîchement cueillies, du pistil des fleurs.

Le révérend Kirk estime que certains elfes ont des corps « si spongieux, si fins, si immatériels, qu'ils ne les nourrissent qu'en suçant une subtile liqueur spiritueuse, qui pénètre comme de l'air pur et de l'huile ; les autres se nourrissent plus grossièrement de l'essence ou substance de grains et liqueurs, ou du blé lui-même qui croît à la surface de la terre, et que ces Fées dérobent tantôt d'une manière invisible, tantôt en becquetant comme les corneilles et les souris [1]. » Il précise : « Encore à notre époque on dit qu'elles font cuire du pain, forgent et rendent d'autres services de ce genre aux habitants des petites collines où elles vivent de préférence [2]. » On dit même que les fées tenaient jadis leur propre marché, le plus connu étant celui de Pitminster, dans le Somerset.

Même si elles se contentent souvent de l'essence des choses, les nourritures humaines leur sont également nécessaires. Leurs mets préférés sont le lait de vache, le beurre, le miel et le safran. Giraldus Cambrensis rapporte en effet que les elfes « ne mangeaient ni chair ni poisson, mais des laitages dont ils faisaient des plats parfumés au safran ». Lady Wilde ajoute que le peuple des elfes « adore le lait et le miel, et qu'il boit le nectar aux corolles des fleurs : c'est le vin des fées ».

1. Robert Kirk, *La République mystérieuse, op. cit.*
2. *Ibidem.*

Les Fées au Jardin et à la Cuisine

Il existe aussi un certain type de fées minuscules, appelées Portunes en Angleterre et Neptunes en France, qui venaient la nuit dans les maisons pour faire leur cuisine dans les cendres de la cheminée. Ces fées habitaient dans des maisons souterraines dont l'accès se trouvait situé juste sous le foyer de la cheminée. Lorsqu'un gâteau mis à cuire au coin de l'âtre se ratatinait en brûlant, ou qu'une marmite de soupe se vidait mystérieusement de son contenu, on savait bien que ces nourritures réduites ou évaporées n'étaient pas perdues pour tout le monde.

Les Anciens avaient coutume de préparer de menues offrandes de nourriture pour les fées : verre de lait, louchée de miel, part de brioche. Ils comptaient de cette manière s'attirer les bonnes grâces de ces dames.

Lorsque leurs femmes étaient en couches, les Bretons des siècles passés servaient un repas dans une chambre voisine de celle de la parturiente, ou bien à l'extérieur de la maison, en pleine nature. Ces agapes, auxquelles aucun humain ne devait goûter durant la nuit, étaient réservées aux fées, en remerciement du soutien qu'elles avaient bien voulu apporter aux femmes en travail, et des multiples grâces, dons et bienfaits dont, une fois rassasiées, elles remplissaient l'escarcelle du nouveau-né.

Généralement, les fées ne mangeaient pas tout, et il subsistait des restes importants de ces banquets féeriques. La plupart du temps, il semblait même que personne n'avait touché au moindre plat. Certains auraient pu croire que les invisibles dames avaient peu d'appétit, ou bien qu'elles boudaient des nourritures aussi grossières. En réalité, la plupart des auteurs sérieux s'accordent à penser que les fées et les elfes se nourrissent exclusivement de l'essence subtile des plats qu'on leur présente, et en délaissent la partie matérielle, tout juste bonne à être ingurgitée par les hommes après que les fées ont mangé. Le même repas servait donc deux fois.

Le révérend Kirk assure qu'un gros mangeur a toujours à ses côtés « un Elfe vorace appelé co-mangeur, ou co-partageur, qui se nourrit de la moelle ou quintessence de ce que mange cet homme, lequel, à cause de cela, continue à être maigre comme un héron, malgré son appétit dévorant[1] ». Que devient cette nourriture subtile ? « Il semblerait qu'ils emportent cette substance ailleurs, car ces êtres souterrains mangent très peu chez eux ; leur nourriture étant absolument propre et servie par d'agréables enfants pareils à des poupées enchantées. La nourriture qu'ils extraient de nous est transportée dans leurs maisons par des routes secrètes[2]. »

Le goût des fées pour le lait de vache les amenait parfois à assécher toutes les vaches d'un troupeau pour satisfaire leur appétit. Lady Wilde rapporte ainsi l'histoire d'Alanna, un jeune garçon qui rentrait chez lui en poussant un troupeau de vaches, lorsqu'une fée apparut brusquement devant lui sous la forme d'un nuage de poussière. L'une des vaches prit peur et s'enfuit dans un sentier de fées. Le garçon voulut la faire revenir, mais il en fut empêché par la fée qui lui dit :

– Laisse-la tranquille, Alanna. Elle se trouve sur notre territoire, à présent, et tu ne peux plus l'emmener avec toi. Rentre chez toi et dis à ton père que dans un an d'ici, jour pour jour, la vache lui sera rendue

1. Robert Kirk, *La République mystérieuse, op. cit.*
2. *Ibidem.*

avec les intérêts, puisqu'elle sera accompagnée d'un jeune veau fraîchement né. Mais jusqu'à cette échéance, nous en avons désespérement besoin pour soigner notre jeune reine qui dépérit, et ne peut se nourrir que d'un bon lait de vache élaboré avec de la bonne herbe verte et tendre et du bon air frais et pur. Ne t'inquiète pas, Alanna, et fais-moi confiance.

Et, dans l'instant, vache et fée disparurent. Alanna rentra chez lui et conta toute l'affaire à son père, qui laissa l'année s'écouler avec une certaine anxiété. Mais, au jour dit, la vache lui fut rendue avec son veau, ainsi que la fée l'avait promis.

Parfois, les fées se joignent aux banquets organisés par les humains et y font ripaille, ce qui n'est pas sans danger. Le révérend Kirk explique à ce sujet : « Les hommes de la *seconde vue* les voient, distinctement, manger aux repas des funérailles ; et depuis, beaucoup d'Écossais-Irlandais ne veulent plus toucher aux viandes à ces réunions par crainte d'entrer en communion avec eux, ou d'être empoisonnés par eux[1]. »

De même, nous ne pouvons passer sous silence les appétits ignobles que certaines fées dévoyées cultivaient. Ces fées, heureusement minoritaires, se nourrissaient en effet de sang humain. Dans l'île de Man, on affirmait ainsi que si l'on oubliait de laisser de l'eau au-dehors, afin que les fées boivent, elles se vengeaient en venant la nuit sucer et pomper le sang des dormeurs pour en faire un gâteau. Elles cachaient les restes du gâteau dans la maison, afin que leurs victimes puissent le finir et restaurer leurs forces. Sans quoi, ils mouraient bien vite d'une maladie de langueur[2].

---

1. Robert Kirk, *La République mystérieuse, op. cit.*
2. Cité par F. S. Wilde, *Ancient Legends of Ireland*, 2 vol., Londres, 1887.

La fée du foyer

Les récits et légendes mettant en scène des fées insistent fréquemment sur leurs fonctions de gardiennes du foyer. C'est ainsi que, dans l'est de la France, on parle d'une tante Arie faisant sa tournée de maison en maison à certaines époques de l'année pour s'assurer que tout va bien. Voici ce qu'en dit Paul Sébillot : « Les Francs-Comtois la dépeignent comme une charmante fée, au cœur aimant et à la main bienfaisante, qui ne descendait de l'empyrée que pour visiter les cabanes hospitalières et celles où il y avait quelque bien à faire. Elle y dispensait des présents à la jeunesse docile et studieuse ; elle était l'ennemie de la paresse, mais étant indulgente naturellement, elle se contentait de mêler la filasse qui restait encore suspendue à la quenouille d'une jeune fille lorsque le Carnaval était arrivé [1]. »

En Basse-Bretagne, on dit qu'une très vieille fée descendait par la cheminée la veille de la Saint-André à minuit précis. Si la ménagère était encore occupée à filer, la fée la grondait et l'envoyait se coucher. D'autres fées empruntaient le même chemin pour venir rendre visite aux enfants la nuit, ou apporter un réconfort aux malades et aux malheureux. À Essé, en Ille-et-Vilaine, on croyait que les mauvaises fées n'empruntaient la cheminée que dans le but d'enlever les enfants, et de les emporter avec elles dans le royaume de Féerie.

Alfred Maury raconte lui aussi que, jusqu'au siècle dernier, les paysans des environs de la Roche-aux-fées,

1. Paul Sébillot (1843-1918), *Le Ciel, la nuit et les esprits de l'air*, réédition Imago, 1982.

dans le canton de Rhétiers, croyaient dur comme fer que les fées descendaient dans les maisons par les cheminées pour prendre soin des petits enfants et prédire leur sort futur.

La cheminée symbolise tout à la fois le *foyer*, cœur ardent de la maisonnée, et le lieu du passage d'une réalité à l'autre, de l'ici-bas à l'au-delà. La cheminée est une ouverture vers le ciel, par où montent les prières et les fumées du feu de bois, et par où descendent le Père Noël, les fées et les sorcières.

5

Les Iles féeriques

Les royaumes imaginaires – Les brumes de l'île de Man – Avalon et la tribu de Dana – L'Atlantide, ou le paradis des Celtes – La branche d'argent du pommier sacré et le voyage de Bran

Les royaumes imaginaires

Nul ne connaît les chemins qui conduisent aux territoires féeriques, et aucune carte n'en fait état. Pourtant, les héros de contes de fées transitent souvent par ces royaumes imaginaires, et certains êtres humains bien réels ont affirmé s'être retrouvés parfois, par volonté ou par hasard, dans ces étranges contrées. Les moyens de s'y rendre ne sont pas donnés à tout le monde, et le voyage de retour n'est pas toujours assuré.

Dans les récits du Moyen Age, il existe de multiples lieux de passage vers le monde des fées. Tantôt il s'agit d'un arbre magique planté dans une sombre forêt, tantôt d'une source enchantée, un étang hanté par des naïades, une lande mystérieuse, un lieu-dit inquiétant.

Dans les romans inspirés de la légende du roi Arthur *, on voit souvent un chevalier ou un châtelain

---

* Voir *Le Cycle du Graal*, 8 vol., par Jean Markale, chez le même éditeur.

poursuivant dans la forêt une biche ou un cerf blanc. Il s'agit toujours d'un animal magique, un appât destiné à éloigner le héros des sentiers connus pour le conduire, après des jours et des jours de chasse, vers la demeure de la fée. Lorsqu'il y parvient, l'animal disparaît brusquement, ou bien se métamorphose en une ravissante jeune fille. Subjugué, le héros croit atteindre le comble du bonheur et de la félicité. Il ne s'aperçoit pas que, de chasseur, il s'est transformé en gibier et que, s'il n'y prend garde, il va devenir, à jamais, l'esclave et le chevalier servant de la fée.

Ces royaumes imaginaires sont parfois situés dans des îles de légende, que l'on nomme îles Enchantées, îles Bienheureuses, îles Fortunées. Au large de Bristol, au nord du Somerset, se trouve paraît-il une île féerique, nommée la « Terre Verte de l'Enchantement », qui demeure invisible aux yeux humains. On signale également plusieurs îles invisibles au large de la côte galloise.

Les brumes de l'île de Man

Parfois, des îles réelles sont supposées être des îles féeriques. C'est le cas de l'île de Man, l'ancienne demeure du dieu Manannan Mac Lir, dont les brumes fréquentes sont le fruit d'un enchantement. Cette île abrite d'innombrables fées et elfes, mais également des esprits redoutables, les sangres, qui ont pour habitude de déplacer leurs demeures souterraines la nuit de la Saint-Jacques, le 11 novembre. Il est formellement déconseillé de sortir seul cette nuit-là.

Dans les années vingt, le révérend Arnold J. Holmes, résidant dans l'île de Man, fut le témoin d'un étrange phénomène qui se produisit de nuit, entre Peel Town et l'église Saint-Marc dont il était le recteur. Il venait tout juste de dépasser Greeba Castle, la demeure de sir Hall Caine, lorsque son cheval s'arrêta net. Surpris, le révérend chercha ce qui avait pu provoquer la réaction de l'animal. Il remarqua alors, sur la route, une petite troupe de personnages minuscules, portant des vêtements en gaze légère. Le révérend constate : « Ils semblaient être parfaitement heureux, courant d'une manière folâtre et allant d'un pas léger le long de la route. Ils arrivaient de la direction du fort beau vallon sylvestre de Greeba et de l'église sans toiture de Saint-Trinian. » Selon le révérend, une légende explique que cette église sans toit est le refuge préféré des fées. Il précise même : « Lorsque, en deux occasions, on fit une tentative pour lui mettre un toit, les fées enlevèrent tout l'ouvrage durant la nuit, et pendant un siècle on ne s'y essaya pas à nouveau. En conséquence, on la laisse au "Petit Peuple" qui la revendique comme lui appartenant en propre [1]. »

L'île de Man abrite par ailleurs le quartier général des sorcières, qui y ont élu leur *convent* général. C'est dans cette île, en effet, que la Wicca, organisation officielle des sorcières du XXe siècle, élut en 1951 une « reine des sorcières », Monique Wilson. Celle-ci fonda un musée de la sorcellerie à Casteltown et prôna toute sa vie la pratique du naturisme, fondement, selon elle, d'un contact harmonieux entre l'être humain et la nature.

1. Cité par E. L. Gardner, *Les Fées, op. cit.*

Avalon et la tribu de Dana

Mais l'île féerique par excellence a pour nom Avalon. Située au-delà des mers, elle est un paradis accessible uniquement aux êtres de Féerie et aux preux chevaliers qui, par leur pureté et leur amour, se sont rendus dignes d'y être admis. Entre autres merveilles, l'on trouve dans cette île de rêve des pommes d'immortalité et d'éternelle jouvence dont se nourrissent les fées et leurs amants mortels.

Avalon est-elle une île purement légendaire ou a-t-elle réellement existé ? Une piste nous est fournie par les anciens manuscrits irlandais, qui situent cette île au milieu de « l'océan de l'Ouest », c'est-à-dire l'océan Atlantique. C'est de cette île que serait venu le peuple elfique des *Tuatha Dé Danann*, c'est-à-dire la « tribu de Dana », du nom d'une déesse de la fertilité.

On raconte en effet que ce peuple d'elfes repoussa celui des Firbolgs, qui occupait avant eux la verte Erin, lors d'une bataille qui eut lieu dans la plaine de Mag Tured, ou Moytura, près de Cong. Les Tuatha Dé Danann régnèrent longtemps sur l'Irlande, jusqu'à ce que de nouveaux envahisseurs de race humaine, les Gaëls, ou Milésiens, les chassent de la surface de la terre et les condamnent à l'invisibilité, à l'issue de la bataille de Tailtenn. Les nobles elfes édifièrent leurs nouvelles demeures sous les collines et les lacs d'Irlande afin de perpétuer leur espèce loin de celle des humains.

Les Tuatha furent alors nommés *Daoine Side*, ou *Sidhes* (que l'on prononce *Shee*, « Chi »), le peuple des collines – *sidhe* voulant dire « colline » en gaélique. Comme l'indique Evans Wentz : « Deux peuples cohabitent aujourd'hui en Irlande : un peuple visible, que nous appelons les Celtes *, et un peuple invisible, que nous appelons les Elfes. Il existe des rapports constants entre ces deux peuples, même aujourd'hui ; car les voyants irlandais disent qu'ils peuvent apercevoir les beaux et majestueux *Sidhes*, et selon eux le peuple des *Sidhes* est différent du nôtre, aussi vivant et sans doute plus puissant [1]. »

Deux manuscrits irlandais majeurs, le *Leabhar na h-Uidhre*, ou *Livre de la vache brune*, une compilation établie en l'an 1100 par Maelmuiri dans le monastère de Clonmacnoise et le *Livre de Leinster*, un manuscrit du douzième siècle compilé par Finn Mac Gorman, évêque de Kildare, décrivent les Tuatha Dé Danann comme « des dieux sans êtres des dieux ». On peut les comparer à des anges ou des êtres de lumière (*deva*, en sanscrit). Le *Livre de la vache brune* précise que ces êtres « venaient sans doute du Ciel, à cause de leur intelligence et de l'excellence de leurs connaissances ». On prétend aussi qu'ils avaient longtemps vécu en Grèce, où ils avaient prêté assistance aux Athéniens dans leur combat contre les Syriens, en envoyant des démons dans le corps des Athéniens morts afin de les faire revenir à la vie et poursuivre la lutte.

Ces *Sidhes*, ces elfes, sont appelés la « Petite noblesse » par les paysans d'Irlande, en mémoire du temps où ils régnaient au grand jour sur l'île verte. Selon le *Livre de Leinster* : « Après leur conquête, ces *Sidhes* ou Tuatha Dé Danann, à titre de représailles

---

1. W. Y. Evans Wentz, *The Fairy-Faith in Celtic Countries, op. cit.*

* Voir *La Grande Épopée des Celtes*, 5 vol., par Jean Markale, chez le même éditeur.

ou peut-être pour montrer leur pouvoir de dieux agricoles, détruisirent le blé et le lait de leurs conquérants, les Fils de Mil, comme le font encore parfois les fées de nos jours ; et les Fils de Mil furent contraints de signer un traité avec leur souverain suprême, Dagda, qui, dans le *Coir Anmann*, est appelé dieu terrestre. Lorsque ce traité fut conclu, les Fils de Mil furent à nouveau capables de ramasser le blé dans leurs champs et de boire le lait de leurs vaches[1]. » Evans Wentz poursuit : « Nous pouvons supposer que jusqu'à aujourd'hui, leurs descendants, c'est-à-dire le peuple d'Irlande, en mémoire de ce traité, a continué à révérer le Peuple de la Déesse Dana en lui versant des libations de lait et en lui faisant des offrandes de fruits de la terre[2]. »

L'Atlantide, ou le paradis des Celtes

Qui étaient réellement ces *sidhes*, membres de la tribu de Dana, mystérieusement descendus « du ciel » ou venus tout aussi mystérieusement de l'île enchantée d'Avalon, l'île des fées et de l'éternelle jouvence ? De nombreux commentateurs, comme Evans Wentz ou Lewis Spence, ont établi un rapprochement judicieux avec une île dont l'existence demeure tout aussi énigmatique : l'Atlantide. L'Atlantide et Avalon ne seraient qu'une seule et même chose et les Tuatha Dé Danann, « dieux sans être des dieux », seraient les descendants des anciens Atlantes. De nombreuses

1. W. Y. Evans Wentz, *The Fairy-Faith in Celtic Countries, op. cit.*
2. *Ibidem.*

légendes celtes, comme celles de la ville submergée d'Is, du voyage de Bran ou de la navigation de saint Brandan, semblent confirmer cette théorie [1].

Le *Voyage de saint Brandan*, rédigé en 1106 par un moine anglo-normand, a pour source la *Navigation de Bran, fils de Fébal*, un texte irlandais du VIIe siècle rénové dans un manuscrit datant du XIIe siècle. Le héros de ce récit prend la mer pour découvrir une mystérieuse « île des Femmes », ou « Terre des Fées », dans laquelle on peut reconnaître à la fois Avalon et l'Atlantide. En chemin, il croise le dieu Manannann Mac Lir, l'un des maîtres des « îles du nord du monde », à l'origine du druidisme, qui résida aussi dans l'île de Man.

Or, ce Manannann Mac Lir, c'est-à-dire le « Fils de la mer » – double de Poséidon, dieu de l'Atlantide –, est tantôt considéré comme un roi atlante, et tantôt comme un Tuatha Dé Danann. Selon Evans Wentz, ce personnage mythologique voyageait sans cesse entre l'Irlande et Avalon (ou l'Atlantide), « dans un chariot magique tiré par des chevaux qui se déplaçaient sur les vagues de la mer comme ils l'auraient fait sur la terre ferme. Des fées venaient de ce monde situé au milieu de l'Atlantique à bord de bateaux magiques ou de vaisseaux fantômes, afin d'enlever les mortels dont elles étaient amoureuses, ou d'emmener avec elles le grand roi Arthur blessé à mort. Et dans cette île il n'y avait ni mort, ni souffrance, ni honte, ni rien d'autre qu'une jeunesse immortelle et une joie sans fin [2] ».

---

1. Lire à ce sujet Édouard Brasey, *L'Énigme de l'Atlantide*, Pygmalion, 1998, notamment le chapitre 13, « La piste celte ».
2. W. Y. Evans Wentz, *The Fairy-Faith in Celtic Countries, op. cit.*

Pour les Celtes, cette île mythique située au milieu de l'Atlantique correspondait aussi au séjour des morts, qu'ils voyaient comme un lieu paradisiaque, une sorte de jardin d'Éden. Les anciens manuscrits irlandais évoquent cet autre monde par des noms révélateurs : *Tir-na-nog*, « le Pays de la Jeunesse » ; *Tir-Innambéo*, « le Pays des Vivants » ; *Tir Tairngire*, « le Pays de la Promesse » ; *Tir N-aill*, « l'Autre Monde » (ou « l'Autre Pays ») ; *Mag Mar*, « la Grande Plaine », ou encore *Mag Mell*, « la Plaine heureuse ».

La branche d'argent du pommier sacré et le voyage de Bran

Ce royaume enchanté n'était donc accessible qu'aux elfes, aux fées et aux défunts, mais certains mortels privilégiés avaient parfois la chance d'y accéder librement et d'en revenir. Ces mortels ne pouvaient être que des héros purs et valeureux, élus entre tous par la reine du Pays des Immortels qui leur remettait, comme viatique, une branche d'argent du pommier sacré, ou encore une pomme de jouvence cueillie à ce même arbre. Comme l'indique Evans Wentz, « les dons de la reine ne servent pas uniquement de passeport, mais aussi de nourriture et de boisson pour les mortels qui l'accompagnent. Souvent la branche de pommier produit une musique si apaisante que les mortels qui l'écoutent oublient tous leurs soucis et cessent de se chagriner lorsqu'ils ont été emportés par des fées [1] ».

1. W. Y. Evans Wentz, *The Fairy-Faith in Celtic Countries, op. cit.*

C'est ainsi qu'un jour Bran, fils de Fébal, entendit derrière lui une étrange musique alors qu'il se trouvait seul à proximité de sa forteresse. Cette musique était si charmeuse et si envoûtante qu'il fut bientôt plongé dans un profond sommeil. Lorsqu'il s'éveilla, il découvrit à ses côtés une branche d'argent couverte de fleurs blanches. Et cet argent était si blanc qu'il était impossible de distinguer entre la branche et les fleurs. Bran ramassa la branche et la rapporta avec lui dans son palais royal où l'attendaient ses hôtes. Parmi eux, il nota la présence d'une femme de laquelle émanait un étrange rayonnement. Quand et comment était-elle arrivée là, nul n'aurait su le dire. Mais tous l'entendirent chanter :

J'ai apporté une branche du pommier d'Emain
Avec des ramilles d'argent blanc
Et des fleurs de cristal.

Il existe une île lointaine,
Autour de laquelle les chevaux de mer étincellent
Et font la course avec la houle blanche d'écume.

Lorsqu'elle eut fini sa chanson – qui comptait quelque deux cents vers –, la branche d'argent que Bran tenait fermement en main lui échappa soudain pour aller se loger dans la paume de la mystérieuse femme qui, dans l'instant, disparut comme elle était venue.

Le lendemain, envoûté par le charme féerique qui pesait désormais sur lui, Bran entreprit sa navigation en direction du soleil couchant. En chemin, il rencontra Mananann dans son chariot magique flottant sur les vagues de l'océan. Le Fils de la Mer expliqua à Bran qu'il revenait en Irlande après des siècles d'absence. Bran et ses compagnons accostèrent ensuite une première île, « l'île de la Joie », puis une seconde, « l'île des Femmes », accueillis par la reine des Fées qui les attira dans son royaume au moyen d'une pelote de fil enchantée afin de les distraire durant une période de temps qui ne leur parut pas excéder un an, mais qui en réalité dura plusieurs années. Mais Bran et ses compagnons finirent par éprouver de la nostalgie à l'égard de leur patrie terrestre, et demandèrent à la reine l'autorisation de les laisser repartir pour l'Irlande. Elle accepta, à la condition que nul d'entre eux ne pose le pied sur la terre ferme avant d'avoir été aspergé d'eau bénite. Dans son impatience à retrouver son pays, l'un des membres de l'équipage de Bran viola ce tabou en foulant prématurément le sol de sa terre natale ; aussitôt, son corps fut réduit en cendres, comme s'il était âgé de plusieurs siècles. Lorsque Bran, après la bénédiction rituelle, put rentrer enfin chez lui, il n'y eut personne pour le reconnaître. Et quand il raconta son histoire, certains lui répondirent qu'ils avaient bien entendu parler du voyage de Bran, mais il s'agissait d'un vieux récit qui remontait à des siècles en arrière [1].

---

1. Sources : Alfred Nutt, *Voyage of Bran*, *Son of Feba*l, traduit des anciens textes irlandais, le *Leabhar na h-Uidhre*, datant de l'an 1100, et W. Y. Evans Wentz, *The Fairy-Faith in Celtic Countries, op. cit.*

6

Le Royaume souterrain des Elfes

Le Petit Peuple sous les collines – Elidor et les Enfants verts – La cour des elfes – La musique des elfes – Le sabbat des Bons Voisins – L'histoire de Thomas le Rimeur

Le Petit Peuple sous les collines

Lorsqu'ils ne séjournent pas dans les îles enchantées, les elfes vivent de préférence sous terre, notamment en Irlande, en Écosse, dans l'île de Man et au Pays de Galles. Il paraît qu'à certaines époques de l'année, et à certaines conditions, il est possible de voir les *sidhes* et d'entrer en contact avec eux. Ainsi, on dit qu'en fonction des phases de la lune, les demeures cachées des elfes des Highlands surgissent de terre et demeurent suspendues au sommet de colonnes. Il est alors possible de distinguer les silhouettes de leurs habitants et de percevoir le son de leur voix et de leur musique. On raconte qu'un berger du Wiltshire, en route pour Hack Pen, s'était endormi sous l'une de ces maisons d'elfes lorsqu'il fut éveillé en pleine nuit par les accords merveilleux d'un orchestre invisible. Toute sa vie il garda le souvenir de cet instant magique.

Pour observer l'entrée des maisons des *sidhes*, il

est recommandé d'accomplir neuf fois le tour de la colline par nuit de pleine lune. La porte de leur demeure s'ouvrira alors en grand. Sinon, il est possible de coller son oreille à terre. S'il est doté d'une bonne ouïe, le curieux pourra percevoir les échos des réjouissances qui animent le Petit Peuple. Les collines creuses servent en effet d'habitations pour les elfes, de cachettes pour les trésors des nains et de cimetières pour les fées.

Le révérend Kirk affirme lui aussi : « On dit que leurs maisons sont belles et grandes et (sauf en quelques rares occasions) invisibles aux yeux ordinaires, comme Rachland et autres îles enchantées, ils ont des lumières de sapin, des lampes qui brûlent sans interruption et des feux qui souvent n'ont aucun combustible pour les entretenir[1]. »

Mais les elfes des collines n'aiment point être dérangés et répugnent à être vus par de simples humains. Les observateurs doivent s'armer de discrétion et de patience. S'ils parviennent à gagner l'amitié et la complicité du peuple invisible, tout ira bien ; sinon, la vengeance des *sidhes* peut se révéler terrible.

Le pasteur Kirk met en garde les curieux : « Si un des êtres de la terre est assez rusé pour se procurer par adresse le secret de leurs mystères (soit en se servant de leurs onguents qui, comme l'anneau de Gygès, les rend invisibles et agiles, ou bien les fait tomber en catalepsie, ou modifie leurs formes, ou fait apparaître des choses à une grande distance), ils les tuent sans douleur, comme avec une bouffée de vent, et lui ôtent la vue naturelle et acquise en un clin d'œil, ou les rendent muets[2]. »

1. Robert Kirk, *La République mystérieuse, op. cit.*
2. *Ibidem.*

Walter Scott écrit à son tour : « Dormir sur une haute montagne pendant qu'une réunion d'Elfes s'y tenait était un très bon moyen d'obtenir un passeport pour leur pays. Et l'individu s'en tirait bien s'ils se contentaient, en de telles occasions, de le transporter par air dans une ville à quelque quarante miles de distance en abandonnant parfois sur son passage son chapeau ou son bonnet sur une haie pour indiquer le trajet direct de son voyage [1]. »

Gare à ceux qui s'avisent de construire leur habitation sur le territoire des esprits des collines. On raconte qu'en Irlande, on construisit par mégarde une maison dont l'angle touchait un sentier emprunté par les elfes. Nuit après nuit, la demeure fut l'objet d'un tel remue-ménage que ses occupants crurent qu'elle allait s'écrouler. Le calme ne revint qu'après qu'on eut démoli l'angle fautif.

Pour prévenir ce type de situations, les Irlandais ont coutume de construire des maisons pourvues de deux portes, l'une sur le devant, et l'autre à l'arrière de la demeure. La nuit, les habitants du lieu gardent ces deux portes grandes ouvertes afin de laisser le passage aux colonies d'elfes en procession. Même les plus petites maisons d'Irlande sont pourvues de ce luxe incompréhensible autrement.

Elidor et les Enfants verts

Un enfant, nommé Elidor, eut un jour l'occasion de pénétrer librement dans le Pays des Elfes. Il joua

1. Walter Scott, *La Démonologie, ou l'histoire des démons et des sorciers, op. cit.*

tant qu'il voulut avec ces aimables compagnons mais, au moment de partir, il vola une balle en or qui appartenait au fils du roi des elfes. Sur le chemin du retour, il trébucha et la balle roula à terre et disparut, emportée par les esprits du vent. De ce jour, Elidor fut incapable de retrouver le chemin conduisant au royaume magique.

Ralph of Coggeshall rapporte quant à lui que deux Enfants Verts furent jadis découverts dans les bois de Wolfpits, dans le Suffolk. Il y avait un garçon et une fille, tous deux pourvus d'une peau d'un vert très pâle. Ils étaient effrayés et ne comprenaient rien à ce qu'on leur disait. Au début, ils refusèrent toute nourriture, jusqu'à ce qu'on leur présente un plat de haricots blancs en sauce qu'ils dévorèrent aussitôt. Ils s'habituèrent progressivement à la cuisine des mortels, mais le garçon déclina vite et mourut. La fille survécut, perdit sa couleur verte et apprit à parler. C'est ainsi qu'elle raconta comment elle et son compagnon vivaient dans un pays souterrain où il n'existait ni jour ni nuit, mais une sorte de crépuscule permanent. Un jour, ils étaient entrés dans une caverne, guidés par le bruit lointain d'une cloche. Ils avaient alors débouché à l'air libre, en pleine lumière de midi. L'éclat du soleil les avait tellement stupéfiés qu'ils s'étaient jetés à terre, hurlant d'effroi, avant de se laisser prendre sans résister par les humains.

La cour des elfes

Giraldus Cambrensis, auteur gallois du XIIe siècle, décrit les elfes comme de petites gens aux cheveux clairs, aux beaux visages et à la fière allure, vivant dans une contrée obscure où il n'y a ni soleil, ni lune, ni étoiles : « Ces êtres étaient de moindre stature, mais fort bien proportionnés d'allure, avec un teint clair et une chevelure luxuriante qui leur tombait sur les épaules comme celle des femmes. Ils avaient des chevaux et des chiens de meute accordés à leur taille. »

Quant au révérend Kirk, il écrit : « Leurs habits et leur langage ressemblent à ceux du peuple et du pays sous lesquels ils vivent ; ainsi on les voit porter des plaids et des vêtements bigarrés dans les montagnes d'Écosse et des *suanochs* en Irlande. Ils parlent peu et leur manière de s'exprimer est un sifflement clair et nullement grossier. Les démons eux-mêmes, quand ils sont évoqués, répondent dans la langue du pays ; pourtant les êtres souterrains parlent quelquefois plus distinctement que d'autres. On dit que leurs femmes filent très adroitement, teignent, tissent et brodent ; mais est-ce une fabrication manuelle d'étoffes matérielles et fines, à l'aide d'instruments solides et propres à cela, ou est-ce seulement de curieuses toiles d'araignée, d'impalpables arcs-en-ciel, et une imitation fantastique des actions des mortels de la terre [1] ? »

Les *sidhes* de la tribu de Dana tenaient leur cour dans de magnifiques palais souterrains enfouis sous les collines et les tertres d'Irlande. Dagda, le souverain suprême des Tuatha Dé Danann, vivait dans le plus beau d'entre eux, le palais de *Brug na Boinne*, dont on disait qu'il contenait trois arbres donnant des fruits en toutes saisons, un vase rempli d'un nectar délicieux, un chaudron magique et deux porcs, l'un vivant, et l'autre grillé à point, prêt à être mangé à toute heure du jour et de la nuit. Dans ce palais,

1. Robert Kirk, *La République mystérieuse, op. cit.*

personne ne vieillissait ni ne mourait jamais. Immortels et éternellement jeunes, les Tuatha Dé Danann ne connaissaient ni la maladie ni la vieillesse.

On dit que les humains qui avaient accès à leurs palais enchantés pouvaient goûter à leur tour aux joies de l'éternel présent et du printemps permanent. C'est ainsi que le célèbre héros irlandais Finn et ses six compagnons furent entraînés dans un de ces palais secrets par une fée qui s'était métamorphosée en faon alors qu'ils partaient à la chasse. Dans ce palais vivaient de belles demoiselles et leurs amoureux. On y jouait une musique merveilleuse ; il y avait abondance de nourriture et de boisson et les sièges étaient faits de cristal. Parfois, ces palais étaient dissimulés au fond des lacs ; lorsque l'eau était suffisamment calme et pure, on pouvait voir miroiter à la surface les reflets des tours et des donjons finement élancés de ces constructions sous-marines.

On raconte aussi comment le prince Laeghaire, fils du roi de Connacht, pénétra sous un tertre qui conduisait au royaume des *sidhes*, accompagné de cinquante guerriers. Lui et les siens trouvèrent si plaisante la vie que l'on menait au Pays des Elfes qu'ils décidèrent d'en jouir éternellement. Ils vivaient là depuis un an déjà lorsque Laeghaire voulut retourner à Connacht pour rendre un dernier salut à son peuple et au roi son père. Il exposa son projet à Fiachna, un prince *sidhe*, qui mit à leur disposition, à lui et ses hommes, ses meilleurs chevaux elfiques, tout en le mettant en garde :

– Surtout, ne quittez sous aucun prétexte la selle de votre monture, et ne vous laissez toucher par quiconque, sans quoi jamais vous ne pourrez revenir ici.

Laeghaire et ses cinquante guerriers galopèrent jusqu'à Connacht où ils furent accueillis par le roi,

Crimthann, qui, reconnaissant son fils disparu, voulut le prendre dans ses bras et l'embrasser. Mais Laeghaire recula en disant :

– Ne me touche pas ! Je suis simplement venu te dire adieu.

Le roi supplia :

– Le pouvoir royal de Connacht est tien, avec son or et son argent, ses chevaux et leurs brides, et ses nobles dames à discrétion. Tout est à toi ! Mais ne me quitte pas !

Laeghaire ne se laissa ni apitoyer par les supplications de son père ni tenter par ses promesses ; il fit demi-tour et regagna sans tarder le palais souterrain des *sidhes*, où il exerça le pouvoir conjointement avec Fiachna, et où il l'exerce certainement encore.

Commentant cette légende, issue de la *Silva Gadelica*[1], un ancien manuscrit irlandais, Evans Wentz écrit : « Quelque transmutation du corps inconnue et magique semble avoir découlé de leur séjour parmi les Tuatha Dé Danann, lesquels demeurent éternellement jeunes et sans flétrissures (...). Dans tous les récits féeriques, aucun mortel ne revient jamais du Pays des Elfes plus âgé d'un seul jour par rapport au moment où il y est entré, quel que soit le nombre d'années qu'il y a passées[2]. » Il ajoute : « Cela me rappelle le rêve des alchimistes du Moyen Age qui pensaient qu'il existait une potion magique capable de transmuter chaque atome du corps humain de telle façon que la mort ne pourrait jamais l'affecter[3]. »

---

1. *Silva Gadelica*, édité par S.H. O'Grady, 1892.
2. W. Y. Evans Wentz, *The Fairy-Faith in Celtic Countries, op. cit.*
3. *Ibidem.*

La musique des elfes

Ces palais merveilleux étaient également le séjour de poètes et de musiciens extraordinaires, à côté desquels les auteurs des plus grands chefs-d'œuvre de l'art humain font figure d'apprentis malhabiles. Saint Patrick lui-même, qui christianisa l'Irlande en vouant une guerre acharnée aux *sidhes*, qu'il considérait comme des démons, écoutait avec ravissement la musique des elfes. Un jour qu'il se tenait assis sur un tertre herbeux, en compagnie du roi d'Ulidia et de quelques nobles personnes, il vit approcher un personnage vêtu d'un manteau vert aux pans retenus par une fibule d'argent, d'une chemise de soie jaune et d'une tunique de satin. Il portait en outre un *timpan* – une sorte de harpe – en bandoulière.

– D'où viens-tu ? interrogea le roi.

– Du palais souterrain de Bodhb Derg, le fils de Dagda, dans le sud de l'Irlande.

– Et qui es-tu ?

– Mon nom est Cascorach, fils de Cainchinn, et je suis comme mon père barde à la cour des Tuatha Dé Danann.

Sur ce, il prit son *timpan* et en tira des sons si extraordinaires qu'ils plongèrent le roi et toute sa cour dans un sommeil magique. À leur réveil, saint Patrick avoua qu'il avait apprécié le concert de Cascorach :

– C'était une musique vraiment belle, hélas infestée de quelque sortilège féerique ; à cette exception près, aucune musique ne me semble plus proche de l'harmonie céleste [1].

1. *Silva Gadelica.*

On rapporte aussi que le plus grand musicien de la cour des Tuatha Dé Danann avait le pouvoir de disparaître à volonté dans un clignement d'œil. Parfois, il se volatilisait au beau milieu d'un morceau, pour réapparaître un peu plus tard en joueur de cornemuse vêtu d'un tartan à rayures jaunes.

Cette musique enchantée des elfes était si renommée en Irlande que plus d'un musicien humain essaya de se faire admettre à la cour des Tuatha Dé Danann afin de recevoir une éducation musicale. Les plus grands violonistes ou joueurs de cornemuse d'Irlande ont, paraît-il, puisé leur savoir chez les elfes.

De même, on raconte l'histoire d'un violoneux qui avait coutume d'aller s'étendre à l'ombre des collines enchantées afin d'apprendre de nouveaux airs. De retour au village, il tirait de son violon des mélodies endiablées qui faisaient danser filles et garçons durant des nuits entières. Inspiré par les fées et les elfes, ce musicien acquit très vite une extraordinaire renommée, mais il ne tarda pas à dépérir et à se laisser mourir de chagrin. Car la musique des elfes éveille chez ceux qui l'écoutent et la jouent une nostalgie si profonde qu'ils finissent par en perdre le goût de la vie normale.

Le sabbat des Bons Voisins

Parfois, les humains qui fréquentaient la cour des elfes en tiraient des pouvoirs magiques. Au Moyen Age, ces amis des fées passaient pour des magiciens noirs et faisaient l'objet de procès en sorcellerie, comme le prouvent plusieurs récits authentiques répertoriés par Walter Scott dans son essai consacré à *La Démonologie*. Voici l'un d'entre eux :

« On peut trouver un (…) exemple de l'habileté d'un sorcier agissant sur l'instruction des Elfes, dans la confession de John Stewart, surnommé le vagabond ; faisant preuve d'une connaissance de la chiromancie et de la mystification, il fut accusé d'avoir aidé Margaret Barclay, ou Dein, à couler le vaisseau de son propre beau-frère. Lorsqu'on lui demanda comment il prétendait connaître l'avenir, ledit John confessa que, vingt-six ans auparavant, voyageant la veille au soir de la Toussaint, entre les villes de Monygoif (il l'épela ainsi) et de Clary, dans le Galway, il fit la rencontre du roi des Elfes et de sa compagnie ; celui-ci lui donna un coup de sa baguette blanche sur le front, ce qui lui ôta l'usage de la parole ainsi que celui d'un œil pendant trois ans. Tout lui fut rendu par le même personnage et sa troupe une autre veille de Toussaint, dans la ville de Dublin, en Irlande. Depuis ce temps, tous les samedis, il rejoignait la compagnie à sept heures et restait avec eux jusqu'à la nuit. À chaque époque de la Toussaint, ils se rencontraient également, soit sur la colline de Lanark (sans doute Tintock), soit sur les Monts Kilmaurs, où il recevait leurs instructions. Il montra une partie de son front où, disait-il, le roi des Elfes l'avait frappé. On lui banda les yeux, puis on le piqua avec une grosse épingle : il ne sentit rien. Il fit la déclaration habituelle selon laquelle il avait vu de nombreuses personnes à la cour des Elfes. Il cita des noms en particulier et ajouta que tous ceux qui mouraient subitement allaient rejoindre ce roi [1]. »

Walter Scott évoque par ailleurs la magnificence

1. Walter Scott, *La Démonologie, ou l'histoire des démons et des sorciers, op. cit.*

qui régnait à la cour des Elfes : « Les occupations, les profits, les amusements de la cour des Elfes ressemblaient à ce peuple éthéré. Leur gouvernement fut toujours présenté comme une institution monarchique : un roi ou plus souvent une reine étant reconnu ; quelquefois les deux siégeaient ensemble. Leurs fêtes et amusements de cour comprenaient tout ce que l'imagination put concevoir, à cette époque, d'élégant et de splendide. Dans leurs processions, ils paradaient sur des coursiers plus magnifiques que leurs parents terrestres ; les faucons et les chiens qu'ils employaient à la chasse étaient de première qualité. À leur banquet quotidien, la table était dressée avec une splendeur à laquelle les plus grands souverains du royaume n'auraient osé prétendre ; et la salle de danse renvoyait à l'écho la musique la plus exquise. Mais quand un mortel voyait tout cela, l'illusion disparaissait. Les jeunes chevaliers et les belles jeunes filles se transformaient en lourdauds ridés et affreuses sorcières, leurs richesses en morceaux d'ardoise, leurs plats splendides en objets d'argile complètement tordus, leurs victuailles sans sel (celui-ci leur était interdit parce qu'il est le symbole de l'éternité) devenaient insipides, et les majestueuses salles se transformaient en misérables cavernes humides : tous les débris de l'Élysée enfin s'étaient évanouis d'un seul coup[1]. »

Collen, un saint celtique, avait établi son ermitage au pied du pic rocheux de Glastonbury. Une nuit, il entendit deux hommes qui parlaient entre eux du roi des elfes, dont la demeure se situait à proximité. Saint Collen jaillit de sa cellule et invectiva les passants, leur enjoignant de ne plus évoquer les démons. Les

1. Walter Scott, *La Démonologie, ou l'histoire des démons et des sorciers*, *op. cit.*

deux hommes, très effrayés par ces paroles, répliquèrent que le roi des elfes ne supporterait certainement pas ces insultes, et qu'il demanderait sûrement des comptes.

Quelques jours plus tard, en effet, un étranger se présenta à saint Collen et le pria de le suivre afin d'aller rendre visite au roi des elfes. Saint Collen refusa trois fois de suite, mais devant l'insistance du messager, il finit par céder et se mit en route, non sans avoir dissimulé une fiole d'eau bénite sous son manteau.

Le palais elfique se dressait au sommet du Pic de Glastonbury. Il était empli de splendeurs et baignait dans une lumière irréelle, agrémentée d'une douce musique. Le roi était attablé devant un riche banquet composé de fleurs magnifiques, servi par des pages vêtus de livrées bleues et rouges. Avec beaucoup d'aménité, il pria le saint de le rejoindre afin de partager son repas. Saint Collen répondit : « Je ne mange pas les feuilles des arbres ! » Sans se départir de son sourire, le roi des elfes demanda au saint ce qu'il pensait de la livrée de ses pages. Saint Collen s'écria : « Le bleu est la couleur du froid éternel, et le rouge est celle des flammes de l'enfer dont vous venez ! » Puis, il jeta l'eau bénite à la tête du roi et de ses pages qui aussitôt s'envolèrent en fumée, de même que le magnifique palais, les lumières et la douce musique. Là où s'était dressée la demeure du roi des elfes, il ne restait plus que le maigre gazon qui poussait au sommet du Pic de Glastonbury.

La légende d'Innis Sark, rapportée par Lady Wilde [1], suit le même schéma. Une nuit d'Halloween,

1. F. S. Wilde, *Ancient Legends of Ireland, op. cit.*

veille de la fête celtique de Samain (le 1er novembre), un jeune homme s'endormit au pied d'une meule de foin. Lorsqu'il s'éveilla au milieu de la nuit, il se trouvait attablé à un banquet merveilleux où l'on servait « des fruits, des poulets, des dindes, du beurre, des gâteaux tout juste sortis du four et des coupes de cristal emplies d'un vin rouge clair ».

– À présent, assieds-toi et mange, lui lança le prince des elfes, assis sur un trône, une large ceinture rouge lui ceignant la poitrine et un ruban d'or retenant ses cheveux. Assieds-toi en notre plaisante compagnie et mange avec nous. Tu es le bienvenu.

Il y avait en effet de belles femmes assises autour de la table, ainsi que des gentilshommes qui arboraient tous des ceintures et des bonnets rouges. Tous souriaient au jeune homme et l'invitaient du geste et du regard à se joindre à eux. Mais il répliqua :

– Non, je ne peux pas manger avec vous, car il n'y a pas de prêtre pour bénir la nourriture ! Laissez-moi partir en paix !

Toujours souriant, le prince des elfes répondit :

– Pas avant que tu aies goûté à notre vin.

La plus belle des femmes se leva alors. Elle emplit une coupe de cristal avec le vin rouge clair et la tendit au jeune homme qui, soudain troublé, ne put refuser une offrande aussi tentante. Il prit la coupe et la vida d'un trait. Jamais de sa vie il n'avait goûté à un tel nectar. Mais il n'eut pas plus tôt terminé qu'un coup de tonnerre ébranla le factice palais qui se dissipa dans l'instant avec ses hôtes elfiques, et le jeune homme se retrouva à l'endroit même où il s'était endormi, à côté de la meule de foin. Mais les effets du vin des fées lui furent fatals, car il ne tarda pas à mourir de langueur.

Fées et Elfes

L'histoire de Thomas le Rimeur

Les elfes exercent un tel charme et une telle séduction que le risque n'est pas mince de leur demeurer asservi pour la vie, et parfois pour l'éternité. Un poète anglais, ayant vécu sous le règne d'Alexandre III d'Écosse, et qui séjourna sept ans au Pays des Elfes, eut bien du mal à revenir à la banalité de sa vie terrestre.

Il s'appelait Thomas d'Erceldoune, mais on lui avait donné le sobriquet de Thomas le Rimeur, car il était l'auteur d'une œuvre poétique consacrée aux amours de Tristan et Yseult, considérée aujourd'hui comme le plus ancien spécimen de poésie anglaise.

Un jour qu'il se reposait sur la colline de Huntly, à la périphérie des monts Eildons qui s'élèvent au-dessus du monastère de Melrose, Thomas vit s'avancer vers lui une femme splendide qui ressemblait à une amazone ou une déesse des bois. Juchée sur une selle d'ivoire incrustée d'orfèvrerie, elle montait un coursier blanc dont la crinière était émaillée de trente-neuf clochettes d'argent qui tintaient dans le vent. Comme Diane ou Hécate, elle avait un arc à la main, et tenait en laisse trois lévriers.

Rendu fou de désir par une telle beauté, le poète chercha aussitôt à gagner les faveurs de cette femme qui, agacée sans doute par l'insistance de ses paroles et de ses gestes, se métamorphosa alors en une horrible sorcière, laide et vieille, la peau fanée, le teint plombé, les lèvres grimaçantes, un œil arraché pendant de son orbite. Mais Thomas, victime d'un enchantement, renouvela l'expression de ses pensées, et accepta de devenir l'esclave de la sorcière.

Celle-ci l'entraîna trois jours et trois nuits dans une caverne souterraine dans laquelle aucune lumière ne filtrait. Suivant son terrible guide, Thomas avançait dans le noir. Parfois, il percevait le grondement d'un océan. D'autres fois, il devait traverser des rivières de sang.

Au troisième jour, ils remontèrent à la surface, où les attendait un très beau verger rempli de pommiers. Affamé, Thomas voulut croquer l'un des beaux fruits, mais sa compagne le lui défendit bien, en lui rappelant que c'est par un tel geste que le premier homme et la première femme avaient été exclus du Paradis terrestre. Thomas remarqua alors que celle qui lui parlait avait abandonné sa dépouille de sorcière et était redevenue la femme éblouissante qu'il avait rencontrée sur la colline de Huntly. Regardant autour de lui, il fut persuadé qu'après avoir traversé les Enfers, ils se trouvaient présentement au beau milieu du jardin d'Éden.

La belle s'assit dans l'herbe et pria Thomas de venir s'allonger à ses côtés, afin de lui accorder les faveurs auxquelles il aspirait, et que son obéissance lui avait fait mériter.

Après leurs doux émois, Thomas posa sa tête sur les genoux de son amante qui, en lui caressant doucement les cheveux, lui expliqua la nature réelle du lieu où ils se trouvaient :

– Ce sentier sur la droite mène les bienheureux au Paradis. Celui, raviné, que tu vois en bas, conduit les pécheurs au lieu de leur châtiment éternel ; la troisième route, au coin de ce sombre fourré, conduit en un lieu de peines plus douces d'où prières et messes peuvent tirer les mortels. Mais vois-tu un quatrième chemin serpentant le long de la plaine vers ce splendide château ? C'est la route du Pays des Elfes, où nous allons maintenant. Le maître du château est le roi du pays et je suis sa reine. Mais, Thomas, je préférerais être attachée à des chevaux sauvages plutôt que de le laisser savoir ce qui est arrivé entre toi et moi. C'est pourquoi, quand tu entreras dans sa demeure, observe strictement le silence et ne réponds à aucune question qu'on te posera, et j'expliquerai ton mutisme en disant que j'ai ravi ta langue lorsque je t'ai enlevé de la terre[1].

Thomas et la reine des elfes se rendirent donc au château, dans lequel ils entrèrent en passant par la porte des cuisines. Là, ils virent les cuisiniers occupés à couper et apprêter trente carcasses de cerfs en vue d'un festin. Ils gagnèrent ensuite la salle royale où le roi des elfes les reçut sans aucune marque de soupçon. Des chevaliers et leurs dames dansaient par trois un branle écossais, et Thomas, oubliant toutes les fatigues du voyage, se joignit à eux et leva allégrement la jambe en cadence.

Au bout d'un temps qui lui parut très court, la reine l'entraîna à l'écart et lui demanda depuis combien de temps il pensait être dans ce château. Thomas lui répondit que, selon lui, ils venaient à peine d'arriver.

– Tu te trompes, répondit la reine, tu es dans ce château depuis sept ans, et il est temps que tu partes. Sache, Thomas, que le démon de l'enfer viendra demain réclamer son tribut, et un homme aussi beau que toi retiendra sûrement son attention. Pour rien au monde je ne souffrirais qu'il t'arrive une telle chose. Alors, en avant ! Partons[2].

Presque aussitôt, Thomas et sa belle se retrouvèrent sur la colline de Huntly, où leur idylle avait commencé.

1. Walter Scott, *La Démonologie, ou l'histoire des démons et des sorciers, op. cit.*

2. *Ibidem.*

Avant de prendre congé de son amant, la reine des elfes lui fit don de « la langue qui ne pouvait mentir ». Walter Scott, qui rapporte cette légende, nous fait part des réserves que suscita chez Thomas ce cadeau à double tranchant que représente la faculté de ne pouvoir dire que la vérité : « Thomas objecta en vain que cette adhésion involontaire à la vérité aurait des inconvénients pour lui, qu'elle le rendrait impropre à la religion ou au commerce, à la cour d'un roi ou dans le boudoir d'une dame. Mais ces remarques furent négligées par sa compagne, et Thomas le Rimeur, dès qu'une conversation tournait vers le futur, acquérait la réputation d'un prophète, qu'il le voulût ou non, car il ne put rien dire qui ne devait fatalement se produire[1]. »

Thomas d'Erceldoune vécut encore quelques années parmi les hommes, qui l'honorèrent pour la qualité de ses prédictions. Jusqu'au jour où un cerf et une biche, tous deux uniformément blancs, sortirent de la forêt, traversèrent le village et se rendirent tout droit vers la demeure de Thomas le Rimeur qui, malgré leur apparence animale, reconnut aussitôt le roi et la reine des elfes. Délaissant alors à jamais la société des hommes, il suivit les bêtes enchantées jusqu'au plus profond de la forêt, pour n'en plus jamais sortir. Et s'il n'est pas mort, il y vit encore.

---

1. Walter Scott, *La Démonologie, ou l'histoire des démons et des sorciers, op. cit.*

7

La Saison des Amours

Le mariage avec la fée – Les tabous féeriques – Le Chevalier au Cygne – Lanval et Tryamour à la cour du roi Arthur – Amoureuses d'un elfe

Le mariage avec la fée

Les fées sont de grandes amoureuses. Mais une étrange fatalité veut qu'elles éprouvent leurs plus grandes passions pour de simples mortels plutôt que pour d'autres êtres de Féerie. De même, les hommes qui par l'effet du destin ou du hasard font la rencontre d'une fée ne peuvent échapper à l'amour fou qu'elle éveille immanquablement chez eux. D'où vient cette mutuelle et irrésistible attirance ? Nul ne le sait. Mais les légendes, récits ou chroniques populaires abondent en histoires d'amour mettant en scène un être humain et une fée.

Voici un témoignage, datant de 1849, rapporté par une dame habitant le canton d'Arinthod :

« Un de nos domestiques, nommé Félicien, étant allé conduire les chevaux au pâturage du pré de l'île, vit, à l'aube du jour, les petites demoiselles blanches. C'était au temps des fenaisons.

« On avait élevé des meules de foin dans la prairie ;

et les mignonnes sylphides dansaient autour, si légèrement, d'une manière si gracieuse, que c'était merveille. Notre bon Félicien en était ravi au suprême degré. Il nous revint avec un air d'enchantement inexprimable, et nous dépeignit de son mieux la beauté, la gentillesse, la nature diaphane de ces petites créatures du Bon Dieu ; tant il y a qu'il en était devenu amoureux sur-le-champ. Il en aurait volontiers demandé une en mariage, si par leur rang, par leur élégance, par les diamants de toutes les couleurs qui brillaient sur leur front, à leurs doigts, à leurs bras, à leur cou, à leur ceinture, il n'avait pas senti combien elles étaient au-dessus de l'espèce commune, et s'il n'avait pas craint de se faire passer pour un fou [1]. »

Les amours qui lient les fées et les hommes sont souvent malheureuses, car les êtres de Féerie et les humains appartiennent à des univers différents, et ils ne peuvent se rencontrer qu'aux lisières incertaines qui marquent la frontière entre ce monde-ci et l'autre.

La fée apparaît toujours au héros au détour d'un chemin, au cœur d'une sombre forêt, près d'une fontaine ou d'un ruisseau. L'homme est solitaire, égaré, affaibli, et il n'a aucune chance de résister à celle qui, belle à nulle autre pareille, s'offre ainsi à lui. Dans l'instant, il oublie toute autre passion terrestre et se voue corps et âme à sa nouvelle dulcinée. Il lui demande sa main, qui lui est aussitôt accordée. Le coup de foudre est réciproque, et rien ne semble pouvoir délier désormais cette passion commune

L'amour de la fée pour son partenaire humain est total, et elle est à son égard d'une fidélité à toute

1. Rapporté par le docteur Roger Mignot, *Les Fées franc-comtoises, op. cit.*

épreuve. Elle peut suivre celui qu'elle a choisi jusqu'au bout du monde. Ainsi, Evans Wentz évoque le cas d'une fée qui n'hésita pas à accompagner son amant mortel jusqu'en Amérique. En Irlande et dans l'île de Man, la Lhiannon-Shee, ou Leanan-Side, est également connue pour suivre son amant où qu'il se trouve, mais il s'agit davantage d'une sorte de succube, ou de vampire, dont le but est de soutirer la liqueur vitale de l'homme jusqu'à ce que mort s'ensuive. Mis à part ce cas extrême de possession amoureuse, la fée incarne généralement pour un homme le comble de la félicité.

Les tabous féeriques

Pourtant, le bonheur des deux amants n'est généralement que de courte durée. L'alliance avec la fée, possible et même souhaitée, demeure assujettie à des conditions que les mortels ont beaucoup de mal à respecter. Non qu'elles soient particulièrement complexes ou difficiles à honorer, au contraire. Les règles qui régissent le pays de Féerie sont banales, voire insignifiantes. Les mortels les prennent pour des caprices de la fée, et n'y prêtent qu'une attention distraite. À la première occasion, ils les transgressent, sans se rendre compte qu'en violant ainsi leur serment, ils perdent à tout jamais l'amour de leur fée, et se coupent définitivement du royaume de Féerie qui leur avait entrouvert la porte de ses domaines enchantés. Rendus à leur condition première de mortels solitaires, ils errent alors dans le monde comme des âmes en peine, avant de mourir de chagrin et de nostalgie.

Parmi les tabous qui réglementent les relations entre fées et mortels, on peut citer l'interdiction d'appeler l'être de Féerie par son nom, d'évoquer son existence devant une tierce personne, de prononcer certains mots ou de faire allusion à certaines personnes en sa présence, de lui rappeler ses origines, de le battre ou de le toucher avec un objet en fer. Au moindre manquement, la fée s'envole et abandonne son amant de chair à son triste sort.

On raconte ainsi l'histoire du seigneur d'Argouges, dans le centre de la France, qui rencontra un jour sur ses terres une femme si belle qu'il la pria aussitôt de l'épouser. La fée – car c'était une fée – accepta bien volontiers, à la condition expresse qu'il ne prononce jamais devant elle le mot « mort ». Le seigneur accepta d'autant plus facilement qu'il ne songeait alors nullement à la mort, mais à la vie joyeuse qu'il allait désormais partager avec sa tendre aimée.

Le seigneur d'Argouges parvint à tenir sa promesse durant plusieurs années placées sous le signe d'un indéfectible bonheur. Hélas, un jour que son épouse s'était un peu trop attardée à sa toilette avant de paraître devant lui, il l'accueillit par ces mots de reproche :

– Madame, vous seriez pour la mort une messagère idéale, car vous mettez bien du temps à vous acquitter de vos tâches.

À peine eut-il fini de prononcer sa phrase malencontreuse que la fée poussa un grand cri et disparut à tout jamais, non sans avoir frappé de ses deux poings la porte du château, qui en conserva toujours l'empreinte.

Le Chevalier au Cygne

On connaît également la légende de Lohengrin, le Chevalier au Cygne. Ce dernier vivait à Montsalvat, le château du Graal, lorsqu'il eut vent d'un tournoi qui s'apprêtait en Flandres. Le chevalier Telramund, tuteur de la jeune et riche orpheline Elsa von Brabant, soutenait que cette dernière lui avait demandé de l'épouser, et exigeait qu'elle tînt sa promesse. La belle héritière niait les faits, et demandait que justice lui soit rendue. L'empereur d'Allemagne, devant qui la question avait été portée, décréta alors que Telramund affronterait en duel le champion qu'Elsa voudrait bien choisir. Mais Telramund était craint, et nul chevalier n'osa se mesurer à lui. Seul le Chevalier au Cygne, ainsi nommé car il apparut sur la rivière Scheldt assis dans une nacelle tirée par un cygne uniformément blanc, releva le défi du tuteur d'Elsa et le terrassa.

Elsa épousa son sauveur, qui lui fit jurer de ne jamais chercher à connaître ses origines ni lui demander son nom. Elsa promit, mais elle souffrait de ce secret qui la séparait de son époux et faisait de lui un étranger. Un soir, elle ne put s'empêcher de l'interroger à ce sujet, arguant du fait que si un jour ils avaient des enfants, elle ne pourrait pas refuser éternellement de leur révéler le nom et l'origine de leur père. Alors, dans un grand soupir, le Chevalier au Cygne l'emmena près de la rivière tout en lui disant :

– Mon nom est Lohengrin. Je suis l'un des chevaliers elfiques du château de Montsalvat, où est conservé le Saint-Graal.

À ce moment, le cygne à la nacelle fit à nouveau son apparition. Lohengrin grimpa dans la fragile embarcation et repartit seul vers le château du Graal.

Lanval et Tryamour à la cour du roi Arthur

Puisque nous évoquons le Graal, il nous faut parler des chevaliers de la Table Ronde qui frayaient souvent avec le monde de Féerie.

Aux temps où le roi Arthur et la reine Guenièvre séjournaient à Carduel, il était un chevalier, nommé Lanval, dont le cœur n'avait jamais vibré pour une femme, pas même pour la belle Guenièvre, qui avait pourtant coutume de choisir ses amants parmi les plus beaux hommes de la cour.

Un jour qu'il errait tristement à travers la forêt, il croisa deux jeunes filles aux cheveux d'or qui le prièrent de les suivre afin de rencontrer leur maîtresse. Lanval parvint ainsi devant une tente de soie brodée d'or à l'intérieur de laquelle l'attendait la femme la plus belle qu'il eut jamais vue de sa vie. Elle lui tendit la main, et à peine l'eut-il effleurée que son cœur s'enfla d'une passion brûlante. Il lui demanda son nom, et d'une voix suave et enchanteresse elle répondit :

– Mon nom est Tryamour, ce qui signifie « épreuve amoureuse ». Je t'apparaîtrai chaque fois que tu le souhaiteras, et nous nous aimerons autant que tu le voudras, mais à la condition que jamais tu ne parles de moi à autrui. Notre amour doit demeurer secret, sans quoi je ne pourrais plus quitter mon monde enchanté pour te rejoindre.

Lanval promit, et revint transfiguré à la cour du roi Arthur. Lui qui arborait perpétuellement une mine défaite, il souriait et chantait à tout propos. La reine Guenièvre nota cette différence de comportement, qui ne pouvait être le fait que d'un cœur amoureux. Elle chercha à savoir quelle femme était parvenue à obtenir les faveurs du chevalier récalcitrant ; mais Lanval ne courtisait aucune femme, et la nuit tombée, il se retirait seul dans sa chambre. Nul ne pouvait savoir qu'il évoquait alors Tryamour, qui apparaissait pour lui seul et le comblait de ses charmes.

N'y tenant plus, Guenièvre convoqua alors le chevalier dans ses appartements privés et lui déclara sa flamme. Elle l'aimait d'un amour ardent, et souhaitait être aimée de lui en retour. Jusqu'alors, pas un chevalier n'avait évincé les avances de la reine, qui avait la réputation d'être la plus belle femme du royaume. Pourtant, Lanval déclina poliment l'offre de sa souveraine, en lui avouant que son cœur était déjà pris :

– Reine, je suis aimé d'une gente dame dont la plus humble des suivantes est d'une beauté auprès de laquelle la vôtre n'est rien.

Par ces paroles imprudentes, Lanval venait de se rendre coupable d'un double crime. Il avait tout d'abord commis un épouvantable outrage en dénigrant la beauté de la reine Guenièvre. Et en révélant à une tierce personne l'existence de Tryamour, il avait trahi le serment qui le liait à la fée. Il eut beau évoquer à nouveau sa maîtresse féerique, elle ne parut plus.

Quant à la reine Guenièvre, elle jura de venger cruellement l'affront qu'elle venait d'essuyer. Elle alla trouver le roi Arthur et lui déclara que Lanval lui avait fait des avances amoureuses. Devant son refus d'y céder, le chevalier l'avait insultée en prétendant qu'il avait une bien-aimée infiniment plus belle que la reine.

L'amour est aveugle, et Arthur aimait profondément Guenièvre, dont il se refusait à voir les infidélités. Prêtant foi au récit de sa volage épouse, il fit appeler Lanval et le somma de faire paraître à la cour son amante avant qu'une année ne se fût écoulée. Ainsi, chacun pourrait juger de la beauté de cette femme, et la comparer à celle de la reine. Si Lanval avait menti, il serait brûlé vif.

Lanval, bien entendu, ne pouvait plus entrer en relations avec son amour féerique. Jamais il ne pourrait apporter la preuve de l'existence de sa fée.

Durant cette année, il ne se passa pas une heure où il ne pleura point sa bien-aimée enfuie.

Le jour fatidique arriva, et le chevalier au désespoir fut ligoté sur le bûcher. Mais avant que le feu n'y fût mis, les portes du château s'ouvrirent et, devant la cour au grand complet, parut la plus belle des femmes, montée sur un superbe cheval blanc. C'était Tryamour, que l'amour de Lanval avait émue, et qui était venue le sauver d'une fin ignominieuse.

La reine Guenièvre était la plus belle femme du royaume, mais Tryamour était infiniment plus belle encore ; aussi le roi Arthur, à peine revenu de sa surprise, ne put qu'articuler :

– Madame, si vous êtes la bien-aimée de Lanval, nul ne peut nier qu'il ait dit vrai.

Et Lanval fut libéré de ses liens. Sans un regard en arrière, il sauta en croupe derrière Tryamour qui partit aussitôt au galop. On dit qu'ils chevauchèrent ainsi par-delà les mers, jusqu'à l'île enchantée d'Avalon, où ils vécurent éternellement.

Mais l'on dit aussi qu'une fois par an, à la date anniversaire de son départ, le fantôme de Lanval revient hanter tristement les bois de Carduel pour provoquer en duel quiconque se trouve sur sa route. Car désormais il est prisonnier du monde de Féerie, dont il ne peut sortir qu'un seul jour par an, pour retrouver avec nostalgie le monde des humains auquel il a, par amour, renoncé [1].

1. D'après *Lanval*, dans les *Lais* de Marie de France, XIIe siècle et *Les Elfes et les fées*, Éditions Time-Life, Amsterdam, 1984.

Amoureuses d'un elfe

Les elfes, eux aussi, recherchent ardemment l'amour des mortelles. Ainsi, l'on connaît en Irlande un elfe nommé Ganconer, ce qui signifie « celui qui parle d'amour ». Il s'agit d'un beau jeune homme aux yeux noirs brillants et aux belles paroles, qui séduit les jeunes filles qui s'en vont seules sur la lande une fois la nuit tombée. Gare à celles qui se laissent embrasser par lui, car elles ne tardent pas à mourir de langueur, après que leur amant elfique les a comblées de ses caresses. Un proverbe irlandais affirme d'ailleurs : « Celle qui rencontre le Ganconer peut tisser son linceul. »

Un autre elfe, originaire d'Écosse celui-ci, se vengea cruellement d'une mortelle qui lui avait juré son amour. L'elfe avait disparu durant sept ans, comptant sur la fidélité de son aimée. Mais celle-ci finit par se lasser et épousa un seigneur dont elle eut un enfant. À son retour, l'elfe fit tout pour séduire à nouveau la jeune femme, et il y réussit parfaitement. Il lui proposa de l'enlever sur un fin navire d'or qui avançait tout seul, poussé par un vent magique. La belle abandonna mari et enfant pour s'embarquer avec son amant. Mais à peine eurent-ils quitté le rivage que l'elfe suscita un violent orage. Le bateau sombra au fond de l'océan et la femme infidèle avec lui.

Les elfes ne sont pas toujours de beaux jeunes gens auxquels aucune femme ne saurait résister. Leur physique est parfois gâché par une tare ou une malformation : des pieds palmés ou retournés en arrière, des oreilles pointues, une queue de vache, des sabots fourchus, des narines sans nez ou des yeux qui louchent. Parfois, ils sont d'une taille minuscule, ce qui ne les empêche pas de se faire aimer des mortelles, ainsi que le prouve l'histoire d'une certaine Anne Jefferies, qui vécut au XVIIe siècle, à l'époque de la guerre civile en Angleterre :

Un jour, Anne tricotait à l'orée d'une clairière lorsqu'elle entendit un bruissement de feuilles. Elle crut tout d'abord que c'était son bon ami qui cherchait à la surprendre, et elle fit mine de n'avoir rien remarqué. Mais, bientôt, elle perçut un petit rire étouffé accompagné de tintements cristallins. Elle leva les yeux, et découvrit avec stupéfaction six petits elfes verts, en tous points semblables à des hommes parfaitement conformés, qui la regardaient en riant.

Amusée, Anne tendit la main vers le plus beau des six, celui qui avait une plume rouge à son chapeau. D'un bond, l'elfe sauta dans la paume de sa main et commença à lui dire des mots doux. La jeune fille posa le minuscule bonhomme sur ses genoux, mais le coquin monta sur son corsage et l'embrassa dans le cou. Ravie, Anne se laissa faire. Encouragés, les cinq autres petits elfes accoururent alors pour la couvrir à leur tour de baisers.

L'un d'entre eux effleura son œil. Dans le même instant, Anne se retrouva plongée dans le noir, tandis qu'elle était transportée à travers les airs. Lorsqu'elle sentit à nouveau le sol sous ses pieds, elle rouvrit les yeux et contempla autour d'elle un paysage magnifique, agrémenté d'arbres splendides et de fleurs merveilleuses qui embaumaient des parfums délicats. Il y avait des palais d'or et d'argent, des lacs remplis de poissons brillants et des myriades d'oiseaux exotiques qui chantaient dans l'air chaud. Anne remarqua également des êtres humains richement vêtus qui se promenaient dans ce paradis, et elle se jura de ne plus jamais quitter ce lieu idéal.

Hélas, la pauvre naïve commit l'erreur de s'isoler

avec son bel ami à la plume rouge, ce qui rendit furieux les cinq autres elfes qui, suivis par une foule en colère, vinrent interrompre leurs ébats. Anne se retrouva à nouveau plongée dans les ténèbres et emportée dans les airs. Lorsqu'elle ouvrit à nouveau les yeux, elle était allongée dans la clairière, entourée de voisins inquiets. Les elfes avaient disparu, mais son ami à plume rouge continua à la protéger ; il lui apportait chaque jour de la nourriture magique des elfes, qui guérissait tous les maux.

Elle se fit une réputation de guérisseuse, et les gens venaient de loin pour la consulter et l'entendre raconter ses aventures dans le royaume enchanté du Petit Peuple. Cette célébrité indisposa les autorités, qui l'arrêtèrent en 1646 pour l'envoyer en prison sous l'inculpation de sorcellerie. Une fois de plus, son amant elfique vint à son secours et la fit libérer. Mais, échaudée, elle ne voulut plus jamais parler de son séjour au Pays des Elfes [1].

---

1. Raconté par Brian Froud et Alan Lee, *Les Fées, op. cit.*

8

Rivalités amoureuses au Royaume des Elfes

Ethna chez les Tuatha Dé Danann – La partie d'échecs – Les cygnes blancs

Ethna chez les Tuatha Dé Danann

À l'époque où la verte Irlande abritait encore sous ses tertres la race elfique des Tuatha Dé Danann – la tribu de Dana –, il n'était pas rare que les elfes et les hommes se disputent l'amour de jolies princesses à chevelures rousses. Car les elfes avaient alors l'apparence de vaillants seigneurs, vêtus d'or et de brocart, et leur charme opérait facilement auprès des simples mortelles, d'autant mieux qu'à leur séduction naturelle ils ajoutaient des sortilèges et des armes magiques propres à leur état féerique.

Dagda, le souverain des Tuatha Dé Danann, accumulait toutes les qualités de cette race elfique. Il excellait dans tous les domaines, tant sur le plan physique qu'artistique. Au combat, il pouvait abattre neuf ennemis d'un seul coup de massue. Habile musicien, il tirait de sa harpe des sons étranges qui tour à tour provoquaient le rire, les larmes, la nostalgie ou le sommeil. Et il était détenteur d'un chaudron magique qui contenait une nourriture inépuisable. En outre, il était beau, d'une beauté pure et diaphane qui le rendait, aux yeux des femmes, pareil à un ange. Mais Dagda n'avait pas que des qualités. Il était également colérique, glouton et licencieux. On disait qu'il pratiquait des enchantements pour attirer à lui les plus belles femmes d'Irlande, afin de satisfaire ses appétits charnels. Il avait également quatre fils, auxquels il donna quatre royaumes distincts, enfouis sous les tertres d'Irlande.

L'un de ces fils, Finvarra, était le roi des Tuatha Dé Danann de Connacht. Ayant hérité de la lubricité de son père, il jeta son dévolu sur la plus belle fille d'Irlande, Ethna, afin d'en faire sa maîtresse. Mais Ethna était elle-même amoureuse d'un jeune noble de Connacht qu'elle épousa bientôt. Les noces furent grandioses, et l'on dansa des nuits entières au son des harpes et des *bagpipes*. Ethna filait le parfait amour avec son jeune époux, et Finvarra désespérait de jamais parvenir à se faire aimer d'elle. Alors, il décida d'utiliser ses pouvoirs magiques.

Un soir de bal, Ethna s'affala à terre au milieu d'une danse, pâle comme une morte. On s'empressa auprès d'elle, on lui fit humer des sels, on lui tapota les mains et le visage ; rien n'y fit. La jeune femme demeurait sans connaissance.

On la fit alors transporter jusqu'à sa chambre, où son mari, au désespoir, la veilla toute la nuit. Ce n'est qu'aux premiers rayons du jour qu'Ethna ouvrit les yeux. D'une voix lointaine, elle raconta qu'elle avait vu en rêve un palais magnifique, dans lequel régnait un puissant roi. Le soleil ne brillait jamais dans ce palais, mais une douce lumière émanait de ses murs tendus de tapisseries d'une finesse arachnéenne, tandis que des parfums subtils flottaient dans l'air, et qu'une musique surgie d'un autre monde annihilait tous les soucis humains. Dans un soupir, Ethna avoua qu'elle ne désirait qu'une chose : s'endormir à nouveau afin de rêver encore de ce pays enchanté. Et elle ferma les yeux.

La jeune femme dormit toute la journée sans s'éveiller. Sa peau était aussi blanche et froide que la neige, et son souffle aussi menu que la brise du soir. Le mari se rongeait les sangs, persuadé que son épouse était perdue. La nuit venue, une servante le remplaça au chevet de la belle endormie, afin qu'il puisse prendre un peu de repos. Mais la servante s'assoupit et, lorsqu'elle s'éveilla en sursaut au milieu de la nuit, le lit d'Ethna était vide. Aussitôt elle alerta tout le château. On fouilla les pièces les unes après les autres, ainsi que le parc et les dépendances, mais il fallut bien se rendre à l'évidence : Ethna avait disparu.

En désespoir de cause, le mari éploré décida de s'en remettre à ses alliés souterrains, les Tuatha Dé Danann, car le traité conclu entre les mortels et les *sidhes* existait encore, et le monde des hommes et celui des elfes étaient unis par des liens d'amitié et de reconnaissance réciproques. Le roi des elfes prodiguait souvent des conseils au jeune seigneur qui en échange lui offrait des denrées qui n'ont pas cours au royaume des elfes : du bon lait de vache, par exemple, ou bien de la bière fraîchement brassée.

Accompagné de ses meilleurs cavaliers, le mari d'Ethna se mit en selle et galopa en direction de la colline de Knockma, sous laquelle résidait Finvarra.

Aucune issue visible ne s'offrit aux intrépides mortels, qui jamais jusqu'alors ne s'étaient risqués au sein des territoires elfiques. On disait bien qu'aux nuits de pleine lune une porte secrète s'ouvrait au flanc de la colline, conduisant par des passages obscurs jusqu'au centre du royaume magique, mais le temps manquait pour respecter les usages. Le prince et ses hommes se demandaient comment ils allaient s'y prendre pour rencontrer Finvarra lorsqu'un concert de chants d'oiseaux retentit dans l'aube naissante. Le prince prêta l'oreille, car on était encore au temps où les bêtes parlaient et où les hommes comprenaient leur langage. Et les oiseaux chantaient :

– Tireli, tirela ! Finvarra a été infidèle au pacte qui le lie à toi. Il a séduit et enlevé ta blanche épouse pour en faire son amante. Elle gît en son palais d'or et d'ombre, et jamais plus n'en sortira. Tireli, tirela !

À ces mots, le prince sentit une colère effroyable monter en lui. D'un geste, il commanda à ses cavaliers d'aller quérir les paysans voisins, afin qu'ils creusent la colline jusqu'au palais du roi félon. Armés de bêches et de pelles, les hommes ouvrirent ainsi une large galerie qui pénétrait profondément au cœur du tumulus. Ils ne s'arrêtèrent qu'à la nuit tombée, épuisés de fatigue. Mais, le lendemain matin, une mauvaise surprise les attendait. Les elfes avaient mis à profit le sommeil des hommes pour combler la galerie creusée avec tant de difficultés par les hommes. Il fallait tout recommencer.

Trois jours durant, les paysans s'échinèrent en vain ; à chaque fois, le monticule de terre se reconstituait comme par magie. Mais, au matin du quatrième jour, le concert des oiseaux reprit, soufflant la solution au prince :

– Tireli, tirela ! Si du sel est répandu sur la terre remuée, le travail des mortels restera inchangé. Tireli, tirela !

Le sel, en effet, a toujours été l'ennemi des esprits élémentaires. On alla donc quérir cette denrée rare et précieuse et, grâce à ce subterfuge, les paysans purent reprendre efficacement leur travail de sape. Trois jours encore leur furent nécessaires pour parvenir jusqu'au royaume caché des Tuatha Dé Danann. Le dernier jour, alors qu'ils n'en étaient plus séparés que par une fine cloison, ils entendirent les elfes qui gémissaient comme des âmes en peine, car ils savaient que si le soleil atteignait le palais de Finvarra, ce dernier se dissiperait en fumée. Le roi des elfes parut alors, et supplia les hommes de cesser leurs travaux. En échange, il promit de rendre Ethna à son époux dès le coucher du soleil.

Le prince accepta cette offre, et patienta jusqu'au soir. Dès que le dernier rayon de soleil eut disparu, la jeune femme sortit de la galerie, habillée comme au jour de sa disparition, à part une ceinture nouvelle qu'elle portait à la taille, tissée, nouée et brodée avec le plus grand art.

Le prince accueillit sa femme les bras ouverts, mais celle-ci ne parut pas le reconnaître. Elle était toujours aussi pâle, ses yeux étaient éteints, et elle marchait comme dans un rêve. Des semaines, des mois durant, elle demeura dans cet état de prostration, et à la cour on murmurait qu'elle avait sans doute mangé de la nourriture enchantée, et qu'elle avait perdu son âme à jamais. On disait aussi que les rares mortels qui parviennent à revenir du Pays des Elfes en conservent une nostalgie qui ne les quitte jamais. Ethna avait été *enfadée, enféetée*, et jamais elle ne redeviendrait elle-même.

Un an après le retour de sa bien-aimée, le prince chevauchait tristement par la lande, lorsque le concert d'oiseaux se fit entendre pour la troisième fois. Cette fois-ci, ils disaient :

– Tireli, tirela ! L'esprit d'Ethna est resté prisonnier au Pays des Elfes. C'est la ceinture brodée qui en est la cause. Si tu brûles ce lien magique, celle que tu aimes te sera rendue. Tireli, tirela !

Le cœur battant, le prince se précipita au château et se rendit dans la chambre de sa femme. Celle-ci reposait, à son habitude, les yeux dans le vague, comme si elle avait perdu l'esprit. Le seigneur se pencha vers elle, et voulut dégrafer la ceinture. Mais celle-ci était bien attachée, au moyen de nœuds de fées si fins et si serrés qu'aucune main humaine ne pouvait en venir à bout. Alors le prince prit son épée, trancha d'un seul coup la ceinture et la jeta dans la cheminée. Dès que les derniers fils magiques se furent consumés, Ethna sauta hors de son lit et courut l'embrasser, pareille à celle qu'elle avait toujours été avant son enchantement. Et le souvenir de son année passée au Pays des Elfes se résuma pour elle au rêve d'une nuit.

La partie d'échecs

La mésaventure vécue par Ethna est caractéristique de ce qui arrive aux mortels qui tombent sous le charme des êtres de Féerie. Ainsi que le précise Lady Wilde : « L'influence maléfique du regard des fées ne tue point, mais elle précipite celui ou celle qui en est atteint dans un état de transe qui ressemble à la mort, dans lequel le corps véritable est emporté en quelque palais féerique, tandis qu'une bûche de bois, ou une créature laide et déformée, prend sa place, habillée de l'ombre de la forme volée. Les jeunes femmes d'une beauté remarquable, les jeunes hommes et les jolis enfants sont les principales victimes de ces attaques féeriques. Les filles sont mariées aux chefs des elfes, et les jeunes hommes aux reines des fées ; si les enfants mortels ne font pas l'affaire, ils sont renvoyés, et d'autres prennent leur place [1]. »

Dans tous ces cas de figure, le mortel dont un être de Féerie tombe amoureux n'a pas voix au chapitre. Victime d'un charme magique, il ne peut se soustraire à l'amour de la fée ou de l'elfe qui l'a élu, et seul son conjoint mortel peut le reconquérir, comme nous l'apprend cette autre légende prêtée aux Tuatha Dé Danann.

Eochaid, le roi de Munster, venait d'épouser Etain, la plus belle femme de toute l'Irlande, lorsque le roi Midir, des Tuatha Dé Danann, entendit parler d'elle et résolut d'en faire à son tour son épouse. Il se rendit incognito à la cour d'Eochaid et le défia aux échecs. Au gagnant reviendrait le prix de son choix. C'est Midir qui gagna, et il choisit Etain pour récompense. Mais il précisa qu'il ne reviendrait la chercher qu'au bout d'un an et un jour.

Lorsque ce délai eut expiré, Eochaid fit protéger son palais par un triple rang de soldats armés jusqu'aux dents, afin d'empêcher son rival de pénétrer dans l'enceinte. Mais les elfes se jouent des murailles et des soldats, et voici que Midir se matérialisa soudain dans la pièce où se tenaient le roi de Munster et son épouse, visible d'eux seuls. Le prince elfique pinça les cordes d'une harpe d'or et chanta doucement pour la reine, l'invitant à l'accompagner au pays enchanté des amants. Puis, il la prit dans ses bras et l'emporta avec lui, sans que rien ni personne ne puisse lui résister, pas même Eochaid qui, paralysé par quelque sortilège, avait assisté sans bouger au rapt de son épouse.

---

1. F. S. Wilde, *Ancient Legends of Ireland, op. cit.*

Sitôt qu'il eut repris ses esprits, il en appela à tous les rois d'Irlande afin qu'ils creusent les monts féeriques et détruisent les forteresses des Danann. Il essaya de murer les étables qui abritaient les magnifiques coursiers elfiques, afin de les affamer, mais les chevaux parvinrent à s'échapper. Ils étaient si beaux et si fringants que les rois d'Irlande cessèrent dans l'instant de penser à Etain pour se mettre à la poursuite des animaux magiques.

Alors, Eochaid en appela aux chefs des druides, les enjoignant à user de toute leur magie pour découvrir le lieu où Etain était retenue prisonnière. Ils finirent par découvrir que la jeune femme se trouvait au centre de l'Irlande, au sein de la forteresse du roi Midir.

Eochaid fit creuser et remuer la terre qui protégeait cette forteresse, jusqu'à ce que le palais souterrain de son rival fût mit à jour. Mais au moment où il parvenait au seuil du palais, il en vit sortir cinquante superbes femmes, qui toutes avaient exactement le visage et le corps de son épouse. Déconcerté, le roi contemplait ces leurres qui défilaient devant lui, désespérant de les distinguer les uns des autres ; mais lorsque la véritable Etain sortit enfin et vit son mari, le lien magique qui la tenait prisonnière s'évanouit et elle se jeta dans les bras de son époux. Tous deux sautèrent sur un beau destrier et galopèrent jusqu'au palais de Tara, où ils vécurent heureux jusqu'à la fin de leurs jours. On dit que, depuis cette aventure, les pouvoirs des Tuatha Dé Danann se mirent à décliner, et ils s'éloignèrent peu à peu de la compagnie des hommes, et surtout de leurs femmes [1].

---

1. Raconté par F. S. Wilde, *Ancient Legends of Ireland, op. cit.*

Les cygnes blancs

Pourtant, les Tuatha Dé Danann étaient parfois capables d'éprouver des passions véritables, et de demeurer à jamais fidèles à leurs bien-aimées. Ainsi, dans une autre version de la même légende irlandaise, c'est le prince des elfes qui obtient gain de cause face à son rival humain. Etain était à l'origine une fée, maîtresse du roi Midir, des Tuatha Dé Danann. Jalouse de sa rivale, la reine Fuanach fit appel à la magie des druides qui la transformèrent en un papillon qui fut emporté par les vents. Ce papillon fut avalé accidentellement par la reine de Leinster qui, neuf mois plus tard, accoucha d'une fille d'une merveilleuse beauté qu'elle surnomma Etain. En vérité, il s'agissait bien de la même Etain, réincarnée sous la forme d'une mortelle, mais ayant perdu tout souvenir de son existence passée.

Etain grandit et devint une superbe princesse, qui épousa bientôt le roi Eochaid, qui tenait sa cour à Tara. Mais, durant tout ce temps, Midir n'avait cessé de chercher sa bien-aimée, dans le monde des fées tout comme dans celui des hommes. Lorsqu'enfin il la retrouva, sous les traits de la nouvelle souveraine de Tara, il se fit admettre à la cour comme ménestrel, afin de conter au roi et à la reine les histoires du temps jadis, et notamment la saga des Tuatha Dé Danann et la complainte d'Etain et de Midir. À cette évocation, la jeune reine sombra dans une mélancolie profonde, dont rien ne semblait pouvoir la tirer.

Désespéré par l'état de son épouse, le roi Eochaid tomba à son tour dans une grande affliction. Pour tenter de se divertir un peu, il accepta de disputer une partie d'échecs avec Midir. Il gagna la première partie, puis la seconde. À la troisième, Midir mit en gage ce qu'il avait de plus cher : un échiquier magique, précieux fruit de l'artisanat elfique. Ce qu'avait de plus précieux Eochaid, c'était la reine Etain, mais il n'était certes pas question pour lui de l'engager dans un jeu. Midir demanda alors que le gage fût réduit à un baiser, un simple baiser de la reine. Encouragé par ses deux précédentes victoires, Eochaid accepta. Et il perdit.

Lorsque Midir voulut obtenir le prix convenu, Eochaid refusa tout net. Puis, devant l'insistance de son rival, il finit par céder, non sans avoir négocié un délai d'un mois. Midir acquiesça et quitta la cour. Un mois plus tard, les alentours du château de Tara étaient sévèrement gardés par les soldats d'Eochaid, ce qui n'empêcha pas Midir de parvenir jusqu'à Etain, qu'il embrassa. Aussitôt, elle ouvrit les yeux et le reconnut. Alors, Midir la prit dans ses bras, et tous deux s'envolèrent sous la forme de deux cygnes blancs [1].

De même, on raconte que Oengus, alias Mac ind Oc, à savoir le « Fils du Jeune » – le dernier fils du roi Dagda à l'éternelle jeunesse –, tomba éperdument amoureux de Caer, la fille du prince Ethal Anbual, mais ce dernier refusa de lui accorder sa main. Alors, Oengus tomba malade d'amour et dut s'aliter. Comprenant que les jours de son fils étaient en danger, le roi Dagda fit la guerre à Ethal Anbual et, après avoir conquis ses terres et son château, voulut le contraindre à donner sa fille. Mais le seigneur soumis déclara qu'il n'avait aucun pouvoir sur sa fille Caer qui, chaque année, le 1er novembre, pour la fête de Samain, se transformait en cygne pour une année,

1. D'après *Voyage of Bran, op. cit.*

avant de redevenir une jeune fille l'année suivante. Il ajouta :

– Le 1er novembre prochain, ma fille prendra définitivement la forme d'un cygne près du Loch bel Draccon. Elle sera ce jour-là entourée par cent cinquante autres cygnes, et quittera à jamais la société des hommes.

Lorsque le 1er novembre arriva, Oengus se tenait près du lac, et observait les magnifiques oiseaux blancs qui nageaient dans ses eaux pures. Soudain, parmi eux, il reconnut sa bien-aimée et, sans hésitation, plongea dans le lac pour la rejoindre. Aussitôt, il fut à son tour métamorphosé en cygne. Oengus et Caer s'envolèrent alors, sous la forme de deux cygnes uniformément blancs, vers le *Brug na Boinne*, le palais merveilleux du roi Dagda, pour y demeurer à jamais. Et l'on dit que leur chant était si doux que tous ceux qui l'écoutaient tombaient instantanément dans un sommeil qui durait trois jours et trois nuits [1]

---

1. D'après H. d'Arbois de Jubainville, *Le Cycle mythologique irlandais*, Paris, 1884.

9

Les Fées au Berceau

Les nourrices des fées – Molly, la sage-femme et l'homme en noir – Les changelins – Les enfants-fées

Les nourrices des fées

Bonnes marraines, sages-femmes, accoucheuses, les fées connaissent elles aussi les douleurs et les joies de l'enfantement. Les inscriptions latines les désignaient clairement comme des « mères », des *matres*, des *matronae*, des *mairae* ou des *junones*. Elles veillaient à la prospérité des hommes, présidaient à leurs destinées et protégeaient les villes et les nations. Elles se mariaient et avaient des enfants. Mais l'on dit qu'elles ne pouvaient accoucher sans l'aide d'une sage-femme humaine, qui leur servait également de nourrice, car le lait humain est très recherché par les fées.

Le révérend Kirk évoque l'étrange cas des « nourrices des fées » : « Il existe encore des femmes qui racontent qu'elles furent enlevées en couches pour nourrir des enfants de fées et qu'à leur place on trouvait une languissante et vorace image (comme leur reflet dans un miroir) qui (comme si c'était quelque insatiable esprit dans un corps emprunté) faisait d'abord semblant de dévorer les viandes que par ruse elle apportait, et abandonnait ensuite le corps comme si elle expirait et s'en allait par une mort naturelle et ordinaire. L'enfant, le feu, les mets et les autres choses nécessaires sont placés devant la nourrice, dès qu'elle entre ; mais elle n'aperçoit aucune porte de sortie, et ne voit pas ce que ces gens font dans les autres chambres de la maison. Quand l'enfant est sevré, la nourrice meurt ou est transportée chez elle, ou peut à son choix demeurer avec eux [1]. »

Molly, la sage-femme et l'homme en noir

On raconte ainsi l'histoire de Molly, une paisible mère de famille aux formes plantureuses, que son mari trouva un matin sans connaissance dans son lit. La croyant morte, il se jeta en pleurant sur le corps immobile de la jeune femme tandis que les pauvres orphelins affamés réclamaient en vain le sein de leur mère. Or, Molly n'était pas morte ; elle avait simplement été enlevée durant la nuit par un elfe, qui avait pris soin de remplacer son corps par une vulgaire bûche de bois à laquelle il avait donné par magie la forme et l'apparence de la pauvre femme.

Le mari éploré fit venir le docteur, le prêtre puis le croque-mort, et se préparait douloureusement aux funérailles lorsque, deux jours après le décès supposé de son épouse, la sage-femme du village vint lui redonner quelque espoir.

La nuit précédente, elle avait été réveillée par un

1. Robert Kirk, *La République mystérieuse*, *op. cit.*

monsieur bien mis, tout vêtu de noir, sur le visage duquel se peignait toute l'anxiété d'un futur père. Réunissant en un clin d'œil ses affaires, elle avait sauté avec l'inconnu sur un cheval à la robe uniformément noire. Ils avaient galopé aussi vite que le vent avant d'atteindre un magnifique château enveloppé de brumes. L'homme avait conduit l'accoucheuse jusqu'à une chambre superbement décorée où se tenait une jeune femme soumise aux douleurs de l'enfantement. La sage-femme avait aidé à la naissance d'un joli poupon qui s'était mis à brailler comme un diable. L'homme lui avait alors tendu un certain onguent dont il lui avait ordonné d'enduire le corps du nouveau-né, tout en lui recommandant bien de se laver soigneusement les mains ensuite. La sage-femme avait fait ce qu'on lui demandait, mais avant de se laver les mains, elle s'était grattée machinalement l'œil droit.

Sa vision changea alors du tout au tout. Le château se transforma en une sombre cahute perdue au milieu de la forêt. L'homme en noir et sa femme apparurent comme deux vieillards ridés et l'enfant vagissant ressemblait à un fœtus de poulet. La sage-femme comprit alors qu'elle venait d'accoucher une fée, et que l'onguent dont elle avait frotté le corps du bébé était un baume magique permettant de voir les êtres de Féerie tels qu'ils sont, et non sous les apparences illusoires qu'ils lui avaient présentées jusqu'alors.

En scrutant un peu mieux la pénombre, elle finit par reconnaître dans un coin la pauvre Molly qui lui faisait des signes désespérés. Lorsque l'elfe quitta la salle, la sage-femme s'approcha de Molly qui lui expliqua qu'elle avait été enlevée pour servir de nourrice au rejeton de l'elfe et de la fée, et lui indiqua le seul moyen d'être rendue à l'affection des siens. Le vendredi suivant – rappelons que le vendredi est le dimanche des fées –, son mari devait se tenir à la nuit tombée à la sortie du village. Au douzième coup de minuit, Molly apparaîtrait sur le chemin. Son mari devrait alors la prendre dans ses bras et la serrer bien fort. Il pourrait ainsi la soustraire au sortilège de l'elfe, à condition de ne la lâcher sous aucun prétexte, quoi qu'il puisse arriver.

À peine Molly avait-elle fini ses explications que l'elfe revint chercher la sage-femme pour la ramener chez elle. Celle-ci ne fit semblant de rien et suivit son hôte elfique. Elle s'aperçut que le cheval noir n'était qu'une herbe de la Saint-Jean, qui la conduisit toutefois directement à son logis. Elle s'empressa alors jusqu'au domicile de Molly, afin de tout raconter au mari qui, bien que stupéfait, eut la sagesse de ne point se moquer d'une histoire aussi invraisemblable.

Le vendredi suivant, il faisait le guet à la sortie du village lorsque, à minuit pile, il entendit des pas crisser sur le chemin. Il ne vit rien, mais la sage-femme, qui avait la vision féerique, reconnut Molly qui avançait en compagnie de l'elfe, et elle la désigna du doigt à l'homme qui, sans réfléchir plus avant, ouvrit largement ses bras et les referma sur un corps invisible dans lequel il reconnut, au toucher, les formes généreuses de son épouse disparue.

Mais la partie n'était pas gagnée pour autant. Le mari de Molly fut aussitôt assailli de visions horribles que lui lançait l'elfe pour le contraindre à abandonner sa proie. C'est ainsi que le corps qu'il tenait entre ses bras lui apparut successivement comme celui d'une vieille sorcière répugnante et édentée, d'une goule aux yeux rouges et aux dents acérées de vampire, d'une ogresse au visage couvert de poils noirs, d'une tigresse féroce à la gueule largement ouverte, et enfin d'un serpent visqueux qui dardait sa langue fourchue en sifflant. L'homme avait grand peur, mais il se souvint de la recommandation de sa femme et la tint toujours aussi serrée contre lui. Les illusions cessèrent enfin, et il reconnut le visage épanoui de Molly qui lui souriait.

Cette histoire finirait bien, si elle ne comportait une conclusion cruelle pour la sage-femme, sans laquelle jamais Molly n'aurait pu quitter par elle-même le monde des elfes. À quelque temps de là, en effet, la brave femme reconnut l'elfe émacié qui se promenait en plein marché, profitant de son invisibilité pour voler des fruits ou des gâteaux sur les étals. Elle ne put maîtriser sa colère et invectiva l'être de Féerie qui, se voyant découvert, s'approcha et tourna autour d'elle, afin de découvrir de quel œil la sage-femme parvenait à le voir. Lorsqu'il s'aperçut qu'il s'agissait de l'œil droit, il y enfonça d'un coup sec l'ongle effilé de son index, et le creva.

Les changelins

Si les fées sont attirées par les berceaux où s'agitent les petits d'hommes, ce n'est hélas pas toujours pour les parer de dons et de grâce, mais pour les enlever et les remplacer par leurs propres enfants, que l'on nomme « changelins ». En effet, il est notoire que la race des fées et des elfes a beaucoup de mal à se perpétuer. Les êtres de Féerie n'ont pas la même vigueur que les êtres humains, et s'ils devaient ne compter que sur eux-mêmes pour engendrer des descendants, leur lignée s'éteindrait vite. C'est pourquoi ils ont besoin d'ajouter à leurs rangs de beaux bébés humains aux joues roses, enlevés au berceau, et qu'ils élèvent comme des enfants-fées.

Walter Scott attribue aux elfes les enlèvements d'enfants humains : « Un crime très grave qui, comme on le pensait, était couramment pratiqué par les Elfes contre les humains, était d'enlever leurs enfants et de les élever comme des êtres appartenant à leur race. Les petits non encore baptisés étaient principalement exposés à cette calamité, mais les adultes pouvaient également être soustraits à la vie terrestre, même si c'était leur milieu habituel [1]. »

Si le choix des fées et des elfes se portait en priorité vers les enfants non baptisés, c'était parce que ces derniers n'avaient pas encore de nom humain les reliant à ce monde. C'est donc entre la naissance et la cérémonie baptismale que le risque de rapt était le plus important. Aussi, les mères avaient jadis coutume de dresser des défenses autour de leur rejeton. Les principales consistaient à accrocher une paire de ciseaux ouverts à la tête du berceau, à poser les chaussures du père en travers de la couchette de l'enfant ou à suspendre des tresses d'ail et de sorbier dans la chambre. Selon le révérend Kirk, des méthodes similaires sont parfois utilisées pour prévenir l'enlèvement des femmes : « Aujourd'hui encore les montagnards mettent du pain, une bible ou un morceau de fer dans le lit des femmes pendant qu'ils voyagent pour les empêcher d'être ainsi enlevées ; et ils disent que tout démon inconnu et étranger ne craint rien au monde autant que le fer froid [2]. »

De même, à de rares exceptions près, les fées

1. Walter Scott, *La Démonologie, ou l'histoire des démons et des sorciers, op. cit.*

2. Robert Kirk, *La République mystérieuse, op. cit.*

enlevaient toujours des garçons. C'est pourquoi les mères avaient l'habitude d'habiller leurs rejetons mâles en filles, de leur laisser pousser les cheveux longs et de leur donner en privé des sobriquets féminins, afin d'endormir la vigilance des fées et d'éloigner les risques d'enlèvement.

Pourtant, malgré ces multiples précautions, les fées parvenaient souvent à se frayer un chemin jusqu'au petit mortel qu'elles troquaient contre un de leurs propres enfants, auquel elles donnaient la figure et l'apparence du gamin enlevé. Ainsi, les parents ne se rendaient pas compte tout de suite de la manigance, et lorsqu'ils comprenaient enfin ce qui était arrivé, il était trop tard.

Les parents ne tardaient jamais à s'apercevoir de la substitution. En effet, le changelin avait du mal à conserver longtemps l'apparence illusoire d'un enfant humain, et il finissait vite par reprendre sa physionomie habituelle, celle d'un petit être chétif, poilu, hirsute et ridé. Les fées et les elfes se débarrassaient ainsi de leurs rejetons les plus laids.

Pour s'assurer de l'origine surnaturelle du petit rabougri, les parents utilisaient la méthode forte. Ainsi, ils plaçaient l'enfant sur une large pelle exposée au-dessus du feu ; ils l'abandonnaient une journée entière dans la neige, ou bien ils le battaient jusqu'au sang. S'il s'agissait bien d'un petit elfe, la créature se dissipait alors dans les airs et disparaissait dans un grand cri, tandis que le véritable bébé était rendu à ses parents. Si l'enfant ne se métamorphosait pas, c'est qu'il s'agissait bien d'un enfant humain, atteint de quelque maladie ou malformation. Généralement, il ne tardait pas à trépasser, mais à cette époque-là, la mortalité infantile était très importante, et les parents ne s'en émouvaient pas outre mesure.

Une autre méthode, moins cruelle, consistait à forcer le petit elfe à parler et à avouer son âge. L'on sait en effet que les enfants des fées et des elfes viennent au monde déjà vieux de plusieurs centaines, voire de plusieurs milliers d'années. Le seul fait de le reconnaître les contraint, par quelque mystérieux sortilège, à retourner aussitôt au pays de Féerie et à rendre l'enfant volé.

Pour obtenir cet aveu, tortures et menaces se révèlent toujours inefficaces. En revanche, l'effet de surprise est toujours payant, car les elfes et les fées sont atteints d'une curiosité incorrigible à laquelle ils ne savent pas résister.

L'une des « surprises » les plus usitées consiste à faire bouillir un chaudron plein d'eau dans lequel on jette une douzaine de coquilles d'œufs, après en avoir ôté le jaune et le blanc. Intrigué par cet étrange manège, l'enfant-elfe ne peut qu'interroger sa mère supposée :

– Que fais-tu, maman ?

– Je prépare de la bière, mon enfant.

– Et avec quoi la fais-tu ?

– Avec des coquilles d'œufs.

De la bière de coquilles d'œufs, ce n'est pas banal. Aussi, le bambin elfique ne peut s'empêcher de s'exclamer :

– Je suis vieux de plus de quinze siècles, mais je n'ai jamais vu préparer de la bière avec des coquilles d'œufs !

Ayant dit cela, il disparaît en fumée, remplacé par un beau nourrisson tout rose que sa mère peut enfin dorloter sans arrière-pensées.

Selon les régions ou les traditions locales, la formule énoncée par l'elfe peut changer, mais elle suit toujours le même schéma de base.

Ainsi, le *jetin* va dire : « J'ai plus de cent et cent ans, j'ai vu le gland avant le chêne, l'œuf avant la poule, mais je n'ai jamais vu tant de petits pots bouillants ! »

Le *changelin* de la forêt de Jailloux s'écrie : « J'ai bien des jours et bien des ans, mais jamais je n'ai vu tant de p'tits tupains blancs. »

Le *fersé* ardennais glapit :

« J'ai vu la forêt d'Ardenne
Tout en seigle et en avoine
Celle de Brekelien pas encore plantée
Mais jamais tant de petites potées ! »

Les enfants-fées

Mais toutes ces méthodes étaient parfois impuissantes à ramener les enfants humains dans leur foyer parental. Les petits d'hommes recevaient alors une éducation féerique qui généralement durait sept ans, ou un multiple de sept ans ; après quoi ils avaient la possibilité de revenir dans le monde des hommes, forts d'un savoir elfique qui faisait d'eux des guérisseurs recherchés, des poètes délicats ou des musiciens sans pareils. Ces êtres toutefois n'étaient jamais heureux, car ils demeuraient à la frontière entre les deux mondes, celui des hommes et celui des fées, entre lesquels ils étaient incapables de trancher. Une immense nostalgie les habitait pour toujours, et s'ils répandaient le bonheur autour d'eux, ils n'avaient ni famille, ni amours, ni amis, et demeuraient solitaires jusqu'à la fin de leurs jours.

D'autres légendes rapportent que les enfants humains dérobés par les fées ne pouvaient revenir dans le monde des hommes qu'à la condition expresse de ne pas toucher à la nourriture enchantée des fées, car alors ils étaient prisonniers pour toujours du Pays des Elfes. C'est pourquoi leurs parents avaient coutume de laisser sur la table les reliefs de leur repas, afin que les enfants-fées puissent venir se restaurer, et ce durant sept ans. Après ce laps de temps, leur enfant était libéré du sortilège et leur était rendu. Si tel n'était pas le cas, il fallait patienter sept années supplémentaires.

Dans l'histoire de *Ralph of Coggeshall*, nous trouvons ainsi l'histoire d'une jeune fille nommée Malekin, enlevée par des fées alors qu'elle se trouvait dans un champ de blé. Elle apparaissait parfois sous la forme d'une fillette en robe blanche, et se nourrissait des restes de nourriture qu'on lui abandonnait. Cela faisait sept ans qu'elle survivait ainsi, de façon à résister au pouvoir absolu des fées. Elle déclara à ceux qui la voyaient qu'au terme d'une nouvelle période de sept années, elle aurait l'opportunité de revenir à part entière dans le monde des humains.

10

Ravissements elfiques

Le séjour dans l'Autre Monde – Orphée et Eurydice au Pays des Elfes – Charlemagne condamne les elfes à de lourdes peines – Les ambassadeurs des sylphes – La grande chasse céleste – L'étrange aventure du révérend Kirk

Le séjour dans l'Autre Monde

La parenté des elfes avec les dieux et les anges fait d'eux les gardiens des portes du ciel et de l'au-delà. C'est ainsi que, selon les croyances des Celtes, les défunts ne meurent pas vraiment, mais s'en vont, volontairement ou pas, jusqu'au Pays des Elfes où ils demeurent prisonniers. Ils peuvent toutefois se manifester à leurs proches, sous la forme d'apparitions ou de spectres, et il est possible, à condition de respecter certaines conditions, de les arracher à leur séjour involontaire. Ce séjour est en effet bien ennuyeux pour certains ; mais à d'autres il paraît si beau qu'ils ne désirent plus le quitter.

Voici par exemple une légende écossaise collectée par Walter Scott : « Un tisserand perd sa femme. Elle meurt dans des convulsions et son cadavre est si défiguré que les commères du voisinage pensent qu'on l'a mal veillé et que les elfes l'ont enlevé et remplacé par ce corps. Alors que le tisserand songe sérieusement à se remarier, son épouse défunte lui apparaît une nuit et lui dit qu'elle n'est pas morte, mais captive des "bons voisins", euphémisme désignant les elfes, et qu'il peut, s'il l'aime encore, la faire revenir du triste royaume d'*Elfland*. Mais le tisserand ne fait pas ce que le "fantôme" lui demande [1]. »

Un autre récit de ce type, recueilli au Danemark, donne une version différente des sentiments de la disparue : « Un paysan a perdu sa femme ; un soir qu'il passe près d'un Tertre aux Elfes, il aperçoit son épouse dansant avec d'autres personnes. Comme il l'appelle par son nom, elle est contrainte de le suivre, mais jamais plus leur vie ne fut comme avant : la femme ne cessait de pleurer dans la cuisine [2]. »

Les simples mortels qui ont eu l'occasion de fréquenter des elfes ne se remettent jamais, dit-on, de cette expérience éblouissante, et le restant de leur vie humaine demeure entaché d'une tristesse, d'une nostalgie et d'une langueur qui les conduisent au dépérissement et à la mort. Car les elfes, on le sait, sont des musiciens et des danseurs si parfaits que les yeux et les oreilles humains n'ont rien connu de plus beau sur terre.

Les histoires d'enlèvements d'êtres humains par des fées et des elfes abondent dans les chroniques populaires. Walter Scott rapporte ainsi le témoignage d'un certain Pennant, tiré d'un voyage d'observation qui eut lieu en 1769. Le voici :

---

1. Walter Scott, *La Démonologie, ou l'histoire des démons et des sorciers, op. cit.*

2. H.B. Feilberg, « Der Kobold in nordisher Überlieferung », cité par Claude Lecouteux, *Les Nains et les elfes au Moyen Age*, Imago, 1988.

« Un pauvre visionnaire qui avait travaillé dans son jardin planté de choux (à Breadalbane) s'imagina tout à coup être enlevé dans les airs et transporté par-dessus le mur dans un champ de blé adjacent ; une foule d'hommes et de femmes l'avaient entouré, parmi lesquels il avait reconnu plusieurs personnes mortes depuis des années ; ils allaient et venaient comme des abeilles près d'une ruche, effleurant à peine le sommet des blés, ils parlaient un langage inconnu d'une voix caverneuse ; ils le poussèrent très rudement dans toutes les directions, mais quand il murmura le nom de Dieu, ils disparurent sauf une femme qui le saisit à l'épaule et l'obligea à lui promettre un rendez-vous pour le même jour à sept heures du soir. Il s'aperçut alors que ses propres cheveux étaient attachés par des doubles nœuds (bien connus sous le terme de boucles d'Elfes) et qu'il avait presque perdu l'usage de la parole. Il tint promesse et la vit bientôt arriver en volant ; elle lui parla mais dit simplement qu'elle était trop pressée à cet instant pour s'occuper de lui ; elle lui ordonna de partir, ajoutant qu'aucun mal ne lui serait fait [1]. »

Le même auteur nous rapporte une autre anecdote, survenue en Irlande :

« Glanville, dans sa "dix-huitième révélation", nous parle du valet d'un *gentleman*, voisin du comte de Orrery, qui fut envoyé acheter des cartes. En traversant les champs, il vit une table entourée de gens qui apparemment festoyaient et se réjouissaient. Ils se levèrent pour le saluer et l'invitèrent à se joindre à leur festin, mais dans la bande, une voix amicale

1. Walter Scott, *La Démonologie, ou l'histoire des démons et des sorciers, op. cit.*

murmura à son oreille : “Ne faites rien de ce que vous proposera cette assemblée.” En conséquence, il refusa de s’allier aux réjouissances. La table s’évanouit et la compagnie commença à danser et jouer de la musique, mais il ne voulut pas davantage participer à ces récréations. Ils cessèrent alors de danser et se mirent à travailler mais, une fois de plus, il refusa de les suivre. Sur le moment ils le quittèrent, mais en dépit des efforts de lord Orrery et de deux évêques qui étaient ses hôtes à cet instant, malgré le célèbre M. Greatix, on ne put rien faire pour empêcher le valet d’être soustrait de leur monde, à bras-le-corps, par les Elfes qui le considéraient comme leur proie légitime. Ils l’élevèrent dans le ciel, au-dessus de la tête des mortels qui ne purent que courir sous lui pour soutenir sa chute quand il leur plairait de le lâcher. »

Orphée et Eurydice au Pays des Elfes

Chacun connaît la célèbre légende d’Orphée et Eurydice. On sait que le musicien grec n’hésita pas à descendre jusqu’au fond des Enfers pour y rechercher son épouse défunte. Or, une légende celte raconte que ce n’est pas aux Enfers, mais dans le Pays des Elfes, qu’Eurydice était tenue prisonnière [1].

Orphée, roi de la Thrace, dans le nord de la Grèce, trouva un jour son épouse Eurydice en pleurs dans les jardins de leur palais. Elle lui raconta qu’elle s’était endormie à l’ombre d’un arbre greffé – ces arbres

1. D’après W. C. Hazlitt, T*he Romance of King Orfeo. Fairy Tales, Legends and Romances Illustrating Shakespeare*, Londres, 1875.

étaient connus pour marquer la frontière entre le monde des humains et celui du peuple de Féerie – et avait rêvé qu'un roi des elfes était venu la chercher pour la conduire, à travers une sombre galerie, jusque dans ses domaines enchantés. Puis il l'avait reconduite jusque sous l'arbre greffé, lui intimant l'ordre, sous peine d'un terrible châtiment, de l'attendre le lendemain à cet endroit exact. Eurydice n'osait contrevenir à la volonté du seigneur elfique, et était bien décidée à attendre son triste sort près de l'arbre.

Pour conjurer le sort, Orphée fit garder l'arbre par ses meilleurs soldats, mais le lendemain, à l'heure de midi, Eurydice se volatilisa dans les airs, emportée par le roi des elfes. Fou de douleur, le roi de Thrace abandonna son trône et se fit ermite, n'emportant avec lui que sa lyre. Durant dix années, il ne se nourrit que de racines et ne s'abreuva que d'eau de pluie, ne trouvant un maigre réconfort que dans les sons nostalgiques qu'il tirait de sa lyre. On dit que sa musique était si belle et si grave que les lièvres s'en arrêtaient de courir et les oiseaux de chanter.

Parfois, Orphée assistait aux cavalcades des fées et des elfes qui galopaient dans l'herbe, et il entendait le son de leurs cornes de chasse. Un jour, il vit passer devant lui de belles fées chasseresses, montées sur des destriers blancs et portant chacune un faucon au poing. Orphée les suivit en courant. Il les vit se glisser dans l'anfractuosité d'une roche et disparaître au fond d'une galerie obscure. Il les y suivit, et déboucha bientôt dans une plaine verdoyante où se dressait un château merveilleux flanqué de tours blanches. Orphée pénétra dans son enceinte, et il y découvrit des mortels endormis dans la position qui était la leur lorsque les elfes les avaient enlevés. Il y avait là des guerriers au combat, des enfants en train de jouer, des femmes occupées à filer. Tous étaient immobiles, leur geste arrêté dans l'éternité d'un instant.

Il parvint enfin dans la cour centrale du château, dans laquelle le roi des elfes se tenait près d'Eurydice, endormie sous l'arbre greffé, dans l'exacte position qu'elle avait adoptée dix ans plus tôt dans le palais d'Orphée. Le musicien de Thrace s'inclina alors devant le souverain des elfes et lui offrit de lui jouer une aubade. L'elfe n'adressa qu'un regard méprisant au pauvre musicien errant, mais l'autorisa à jouer. Alors, Orphée tira de sa lyre des accents si beaux que le roi des elfes lui-même en fut émerveillé. Et lorsque le mortel cessa de jouer, le prince elfique le pria de continuer sa musique, lui promettant qu'il lui accorderait la récompense de son choix pour prix de ses services. Orphée se remit donc à jouer puis, le moment venu, il réclama son dû : la femme assoupie à l'ombre de l'arbre greffé.

Le roi des elfes tenta alors de se rétracter : « Il n'en est pas question ; vous feriez un couple trop mal assorti. Elle est jeune et belle, et vous êtes vieux et usé. Il serait malséant de vous voir ensemble. » Mais Orphée répliqua : « Il serait encore plus malséant pour vous de ne pas tenir votre promesse. » Pris à son propre piège, l'elfe libéra Eurydice de son enchantement. La jeune femme s'éveilla et se jeta dans les bras d'Orphée qui l'emmena avec lui à travers les sombres galeries. Et bien que certains chroniqueurs affirment qu'il la perdit à nouveau dans ces labyrinthes obscurs, d'autres, parmi lesquels nous nous rangeons, prétendent qu'ils retournèrent sans encombre jusqu'à la lumière du monde des humains, qu'ils regagnèrent leur royaume et y vécurent heureux le restant de leur vie.

Charlemagne condamne les elfes à de lourdes peines

Les apparitions célestes d'elfes et de sylphes au Moyen Age prirent de telles proportions que le bon roi Charlemagne fut obligé de légiférer contre ces êtres surnaturels. Collin de Plancy nous explique : « Les cabalistes ont aussi adopté l'existence des fées ; mais ils prétendent qu'elles sont des sylphides, ou esprits de l'air. On vit, sous Charlemagne et Louis le Débonnaire, une multitude de ces esprits, que les théologiens appelèrent des démons, les cabalistes des sylphes, et nos bons chroniqueurs des fées [1]. »

À l'appui de cela, le comte de Gabalis rapporte une étrange anecdote, située au temps des Carolingiens : « Le fameux cabaliste Zédéchias se mit dans l'esprit, sous le règne de Pépin le Bref, de convaincre le monde que les éléments sont habités par des peuples d'une nature différente de la nôtre. L'expédient dont il s'avisa fut de conseiller aux sylphes de se montrer en l'air à tout le monde ; ils le firent avec magnificence. On voyait dans les airs ces créatures admirables, en forme humaine, tantôt rangées en bataille, marchant en bon ordre, ou se tenant sous les armes, ou campées sous des pavillons superbes ; tantôt sur des navires aériens, d'une structure merveilleuse, dont la flotte volante voguait au gré des zéphyrs.

« Qu'arriva-t-il ? Le peuple crut d'abord que c'étaient des sorciers qui s'étaient emparés de l'air pour y exciter des orages, et pour faire grêler sur les moissons. Les savants, les théologiens et les jurisconsultes furent bientôt de l'avis du peuple. Les

1. Collin de Plancy, *Dictionnaire infernal, op. cit.*

empereurs le crurent aussi ; et cette ridicule chimère alla si avant, que le sage Charlemagne, et après lui Louis le Débonnaire, imposèrent de graves peines à tous ces prétendus tyrans de l'air. On trouve cela dans le premier chapitre des capitulaires de ces deux empereurs[1]. »

Collin de Plancy fait également allusion à ces « graves peines » imposées aux sylphes et aux elfes par les empereurs carolingiens. À l'article « Cabale », il écrit que, après cette peine « imposée à des nuages par deux de nos rois, et qu'on peut voir dans les capitulaires de Charlemagne et de Louis le Débonnaire, [...] nous n'avons plus le droit de reprocher à Xerxès l'ordre qu'il donna d'enchaîner la mer[2] » !

Les ambassadeurs des sylphes

Le comte de Gabalis poursuit son récit de capture d'êtres humains par les esprits de l'air, dans une évocation qui nous rappelle étrangement les témoignages modernes de personnes affirmant avoir été contactées par des extraterrestres, ce qui démontre que la croyance selon laquelle l'être humain n'est pas la seule créature pensante dans l'univers ne date pas d'aujourd'hui. La seule différence est qu'au temps de Charlemagne, on n'incriminait pas les Martiens, mais les sylphes. Mais tous les autres éléments concordent. Jugeons plutôt : « Les sylphes, voyant le peuple, les pédagogues et même les têtes couronnées se

---

1. Abbé Montfaucon de Villars, *Le Comte de Gabalis*, Paris, 1670.
2. Collin de Plancy, *Dictionnaire infernal, op. cit.*

gendarmer ainsi contre eux, résolurent, pour faire perdre cette mauvaise opinion qu'on avait de leur flotte innocente, d'enlever des hommes de toutes parts, de leur faire voir leurs belles femmes, leur république et leur gouvernement, puis de les remettre à terre en divers endroits du monde. Ils le firent comme ils l'avaient projeté. Le peuple, qui voyait descendre ces hommes, y accourait de toutes parts, prévenu que c'étaient des sorciers qui se détachaient de leurs compagnons pour venir jeter des venins sur les fruits et dans les fontaines. Suivant la fureur qu'inspirent de telles imaginations, dans un siècle grossier, ils entraînaient ces malheureux au supplice. On croirait à peine quel grand nombre ils en firent périr, par l'eau et par le feu, dans tout le royaume[1]. »

Le rapprochement est encore plus probant lorsque le comte de Gabalis évoque ces « navires aériens » qui rappellent étrangement, avec plus de mille ans d'avance, les soucoupes volantes évoquées par les « contactés » : « Il arriva qu'un jour, entre autres, on vit à Lyon descendre de ces navires aériens trois hommes et une femme. Toute la ville s'assemble alentour, crie qu'ils sont magiciens, et que Grimoald, duc de Bénévent, ennemi de Charlemagne, les envoie pour perdre les moissons des Français. Les quatre innocents ont beau dire pour leur justification qu'ils sont du pays même ; qu'ils ont été enlevés depuis peu par des hommes miraculeux qui leur ont fait voir des merveilles inouïes, et les ont priés d'en faire le récit. Le peuple entêté n'écoute point leur défense : il allait les jeter au feu, quand Agobard, évêque de Lyon, accourut au bruit. Il prouva au peuple qu'il se trompait,

1. Abbé Montfaucon de Villars, *Le Comte de Gabalis, op. cit.*

que des hommes ne pouvaient pas descendre de l'air, et que la prévention les avait abusés à l'égard des quatre inconnus ; il fit si bien que le peuple le crut et rendit la liberté aux ambassadeurs des sylphes [1]. »

Ces « ambassadeurs des sylphes » avaient-ils été en rapport avec des extraterrestres ? À moins d'admettre l'hypothèse inverse : les prétendus « extraterrestres », dont les apparitions sont parées aujourd'hui de tout l'arsenal technologique propre à notre société, ne seraient point des êtres venus d'une autre planète mais, plus simplement, des élémentaux.

Si tel est le cas, pourquoi faudrait-il s'en effrayer aujourd'hui plus qu'hier ? Les « ambassadeurs des sylphes » dont parle Gabalis semblaient en effet ravis de leur rencontre avec les créatures de l'air, et firent même du prosélytisme : « Cependant, comme ils échappèrent au supplice, ils furent libres de raconter ce qu'ils avaient vu : ce qui ne fut pas tout à fait sans fruit ; car, s'il vous en souvient bien, le siècle de Charlemagne fut fécond en hommes héroïques ; ce qui marque que la femme, qui avait été chez les Sylphes, trouva créance parmi les Dames de ce temps-là, et que par la grâce de Dieu beaucoup de Sylphes s'immortalisèrent. Plusieurs Sylphides aussi devinrent immortelles par le récit que ces trois hommes firent de leur beauté ; ce qui obligea les gens de ce temps-là de s'appliquer un peu à la philosophie : et de là sont venues toutes ces histoires de Fées, que vous trouvez dans les Légendes amoureuses du siècle de Charlemagne et des suivants. Toutes ces Fées prétendues n'étaient que Sylphides et Nymphes [2]. »

1. Abbé Montfaucon de Villars, *Le Comte de Gabalis, op. cit.*
2. *Ibidem.*

Vers l'an 840, notamment, l'Europe fut l'objet d'une véritable invasion de sylphes, que nous nommerions donc aujourd'hui extraterrestres, mais qui à cette époque passaient pour des diables et des sorciers : « Mais les apparitions aériennes étaient devenues plus importantes que jamais, sous Louis le Débonnaire, comme nous l'avons remarqué en parlant de Zédéchias. On voyait clairement des sorciers à cheval sur des nuages, des bataillons de magiciens armés de lances, et des enchanteurs traînant à leur suite, au-dessus de la France, des magasins de poisons. Les théologiens discutaient gravement sur de pareils prodiges. Quelques calculateurs déclaraient qu'on voyait là le présage de la fin du monde, fixée irrévocablement à l'an 1000 de Jésus-Christ[1]. »

Les années qui suivirent furent singulièrement riches en apparitions et en phénomènes météorologiques étranges, comme nous le rappelle Jules Garinet qui écrivait, rappelons-le, en 1820 : « En 842, le diable fit paraître, au mois de mars, dans les plaines du ciel, des armées de différentes couleurs. La lune, dans toute sa beauté, éclairait ce prodige.

« La même scène se renouvela plusieurs fois. En 848 particulièrement, des armées infernales défilèrent, au clair de lune, entre le ciel et la terre. Des apparitions semblables accompagnèrent le siège de Jérusalem ; et les païens et les juifs, plus éclairés que nos bons aïeux, n'imaginèrent point les bataillons de sorciers[2]. »

Quant au comte de Gabalis, il demeure le plus ardent défenseur des « contacts », y compris charnels,

1. Jules Garinet, *La Sorcellerie en France, op. cit.*
2. *Ibidem.*

avec ces autres formes de vie surnaturelles. À ses yeux, le fruit de ces alliances a donné les héros et les génies qui ont enrichi l'humanité au cours des siècles : « Ces hommes héroïques, ces amours des Nymphes, ces voyages au Paradis terrestre, ces palais et ces bois enchantés, et tout ce qu'on y voit de charmantes aventures ; ce n'est qu'une petite idée de la vie que mènent les sages, et de ce que le monde fera quand ils y feront régner la sagesse. On n'y verra que des héros : le moindre de nos enfants sera de la force de Zoroastre, Apollonius ou Melchisédech ; et la plupart seront aussi accomplis que les enfants qu'Adam eût eus d'Ève, s'il n'eût point péché avec elle[1]. »

Utopie ? Fantasme ? Délire ? À moins que le philosophe kabbaliste – qui s'exprimait, rappelons-le, à la fin du XVIIe siècle – n'ait tout simplement prophétisé le regain sans précédent de manifestations surnaturelles dont nous sommes témoins aujourd'hui – des enlèvements d'extraterrestres aux apparitions mariales, en passant par les messages de paix et d'amour dictés par les anges, et les épreuves et les catastrophes envoyées par les démons.

La grande chasse céleste

Les esprits de l'air avaient également coutume de mener de grandes chasses célestes à certains moments de l'année. Ces chasses aériennes, auxquelles participaient fantômes, revenants et sorciers en tous genres, étaient particulièrement redoutées des Anciens qui prenaient bien garde de ne point sortir à

1. Abbé Montfaucon de Villars, *Le Comte de Gabalis, op. cit.*

ces occasions-là. Ainsi, dans les Vosges, on craignait plus que tout la « Menée Hellequin » qui envahissait les ciels nocturnes d'été avec ses longues traînées noires et ses sourds rugissements.

Ces chasses étaient attribuées à différents personnages, censés mener ces cortèges fantastiques. Ainsi, en Normandie, on parlait de la « Chasse Saint Hubert », de la « Chasse Saint Eustache » ou de la « Chasse Caïn ». On évoquait la « Chasse Macchabée » à Blois, la « Chasse du roi Salomon » dans le Pays basque, la « Chasse du roi Hérode » en Franche-Comté. Mais la chasse la plus répandue était attribuée au roi Arthur. On racontait en effet qu'un jour, alors qu'il assistait à la messe de Pâques, le roi Arthur entendit les aboiements de sa meute, lancée à la poursuite d'un sanglier. Ne pouvant résister à la tentation, il sortit de l'église avant la consécration et fut aussitôt emporté dans les airs par les elfes de la nuit, avec ses chiens, ses chevaux et ses valets sonneurs de trompe, condamné à chasser ainsi dans le ciel jusqu'au Jugement dernier[1].

L'étrange aventure du révérend Kirk

Le révérend Robert Kirk fut l'un des plus fidèles observateurs du Petit Peuple. Ayant vécu en Écosse, au XVIIe siècle, il était le dernier d'une famille de sept enfants, ce dont il était très fier, car il prétendait que les septièmes fils des fratries étaient plus doués que les autres : « Les parents émettent en le procréant une vertu plus puissante que pour tout le reste, comme

1 Paul Sébillot, *Le Ciel, la nuit et les esprits de l'air, op. cit*

s'ils étaient au faîte et à l'apogée de leur vigueur[1]. » Il étudia la théologie à Saint-Andrews avant de devenir professeur à Édimbourg. Il fut successivement ministre de la paroisse de Balquedder, puis de celle d'Aberfoyle. Fin lettré et homme de grande culture, il s'occupa d'une traduction irlandaise de la Bible, et publia un psautier en langue gaélique en 1684. Il se maria une première fois avec la fille de sir Collin Campbell de Mochester, qui décéda en 1680. Il se remaria alors avec la fille de Campbell de Fordy.

C'est en 1691 qu'il rédigea un curieux ouvrage intitulé *La République mystérieuse des elfes, faunes, fées et autres semblables*, sous-titré *Essai sur la nature et les actions des peuples souterrains (et, pour la plus grande part), invisibles, autrefois connus sous les noms d'Elfes, Faunes, Fées et autres semblables, dans les campagnes écossaises, tels qu'ils sont décrits par ceux doués de seconde vue*. Cette œuvre demeura longtemps manuscrite, jusqu'à ce qu'une centaine d'exemplaires en fussent tirés en 1815 par Longman and Cie, dans une édition depuis longtemps introuvable. Réédité et traduit en français en 1896, ce livre étrange décrit avec force détails les apparences et les mœurs du Petit Peuple, avec qui le pasteur affirmait être en contact permanent et étroit. Nous avons d'ailleurs déjà eu l'occasion, au fil de ces pages, de citer quelques extraits du livre de ce pasteur qui croyait aux fées.

En effet, le révérend Kirk était doué de « double vue », et pouvait voir indifféremment les fées, les elfes, les lutins ainsi que d'autres créatures nettement plus sombres : « Ces corps d'air congelé sont

1. Robert Kirk, *La République mystérieuse, op. cit.*

quelquefois transportés en haut, d'autres fois rampent sous différentes formes, et se rendent à leurs habitations ordinaires par n'importe quel trou ou crevasse de la terre par où l'air peut passer ; la terre étant remplie de cavités et de cellules où ne sont ni pays ni créatures, est supposée avoir d'autres animaux (plus ou moins grands) qui vivent en elle ou sur elle comme ses habitants ; la solitude absolue n'existant pas dans l'univers entier[1]. »

Il affirmait que les elfes et les fées « sont divisés en tribus et en ordres, et ont des enfants, des nourrices, des mariages, des morts et des enterrements, en apparence comme les nôtres (à moins qu'ils ne fassent ainsi par moquerie ou pour prédire de telles choses parmi nous)[2] ».

En tant que pasteur, le révérend Kirk était accoutumé de rencontrer beaucoup de gens du peuple qui, connaissant son intérêt pour les fées, ne manquaient jamais de lui raconter leurs démêlés avec ces créatures surnaturelles. Le révérend les rapporte fidèlement dans son livre, comme autant de témoignages prouvant irréfutablement l'existence des elfes : « Parmi les autres témoignages d'une indiscutable vérité, qui prouvent l'existence d'un tel peuple aérien, ou d'une espèce de créatures ordinairement inconnue, j'ajoute les récits suivants, dont une partie provient de mes relations avec les acteurs et les patients, et le reste de témoins oculaires. La première preuve sera celle de la femme enlevée pendant ses couches et dont le corps fut remplacé dans la chambre par une languissante image qui disparut, mourut et fut enterrée. Mais la

1. Robert Kirk, *La République mystérieuse, op. cit.*
2. *Ibidem.*

personne volée étant revenue deux ans plus tard auprès de son mari, celui-ci, convaincu par des signes indéniables qu'elle était sa femme, l'admit en sa maison et eut d'elle beaucoup d'enfants. Parmi les nombreux récits qu'elle fit à son mari, je citerai le suivant. Elle voyait peu ce qui se passait dans la maison où elle avait été transportée, jusqu'à ce qu'elle eût frotté un de ses yeux d'une certaine pommade qui était auprès d'elle, et ces gens s'étant aperçus qu'elle était au courant de leurs actions, la rendirent aveugle de cet œil, d'une bouffée de leur souffle. Elle trouva cet endroit rempli de lumière, sans autre source lumineuse ou lampe, d'où elle pouvait jaillir[1]. »

Plus loin, le révérend Kirk cite un autre témoignage de première main : « Accompagné d'un *clergyman*, je vis une femme de quarante ans et l'interrogeai sur ce que l'on racontait de ses longs jeûnes. Les habitants de sa maison et elle-même affirmaient qu'elle ne prenait que très peu ou pas du tout de nourriture depuis de longues années, qu'elle s'attardait la nuit dans les champs à la recherche de ses moutons, qu'elle y rencontrait et parlait avec des gens qu'elle ne connaissait pas, et que, s'étant endormie sur une colline, elle se trouva transportée dans un autre endroit avant le jour. Cette femme a eu un enfant depuis, mais elle est toujours mélancolique et silencieuse et on la voit rarement rire[2]. »

Après une vie consacrée à l'étude des fées et des elfes, le pasteur d'Aberfoyle mourut en 1692, un an à peine après la publication de son ouvrage. Sur sa tombe est gravée l'inscription suivante :

1. Robert Kirk, *La République mystérieuse, op. cit.*
2. *Ibidem.*

ROBERTUS KIRK A. M.
Linguae Hiberniae Lumen[1].

Pourtant, de nombreuses personnes prétendirent que cette mort n'était pas naturelle ; certains affirmèrent même que le pasteur n'était pas décédé, mais se trouvait prisonnier des fées et des elfes ! Le révérend Graham, successeur du révérend Kirk à Aberfoyle, reprit à son compte les affirmations de son prédécesseur et contesta la réalité de sa mort dans *Esquisses de Pertshire*, paru à Édimbourg en 1812.

Walter Scott raconte cette histoire en donnant de très curieux détails. Il écrit :

« On est forcé de supposer que les lutins, ces créatures tellement jalouses et irritables qu'elles prennent en haine ceux qui les appellent par leur nom, furent, pour le moins, mortellement offensées de la témérité du révérend auteur qui avait pénétré si avant dans leurs secrets pour en donner connaissance au public. [...] Quoique la sépulture du savant théologien, avec son nom dûment gravé dessus, se voie à l'extrémité orientale du cimetière d'Aberfoyle, ceux qui connaissent à fond son histoire ne croient pas qu'il repose tranquillement dans sa tombe. Son successeur, le révérend docteur Graham nous a appris qu'il est cru généralement que M. Kirk, se promenant un soir, en bonnet de nuit, sur un *dun-shi*, ou “monticule des fées”, aux environs de la manse ou presbytère, il tomba frappé, à ce qu'il paraît, d'une attaque d'apoplexie que les personnes peu éclairées prirent pour la mort ; mais les plus clairvoyantes reconnurent que c'était un évanouissement causé par la vengeance des

1. « Robert Kink, Lumière de la langue irlandaise. »

êtres surnaturels dont il avait révélé les mystères. Après les cérémonies d'un enterrement qui n'était point réel, l'image du docteur Robert Kirk apparut à l'un de ses parents, et lui ordonna d'aller trouver Graham de Duchray. "Dis à Duchray, lui dit l'ombre du révérend Kirk, que je ne suis pas mort, mais captif dans le pays des fées, et qu'il ne me reste qu'une chance pour être délivré. Quand l'enfant posthume, dont ma femme est accouchée depuis ma mort, sera présenté au baptême, j'apparaîtrai. Si, alors, Duchray jette par-dessus ma tête le poignard ou l'épée qu'il tiendra à la main, je serai rendu au monde ; mais cette occasion, une fois perdue, ç'en est fait de moi à jamais."

« Duchray fut informé de ce qu'il avait à faire, la cérémonie du baptême eut lieu, et l'on vit M. Kirk paraître, visible à tous les yeux, pendant qu'on était à table, mais Graham, frappé d'étonnement, manqua à faire ce qui lui était prescrit. Il est donc à craindre que M. Kirk ne subisse encore sa destinée dans le pays des fées ; la cour des fées lui déclarant comme l'océan au pauvre Falconner, qui périt en mer après avoir composé son poème si connu intitulé *Le Naufrage* :

"*Tu as proclamé notre pouvoir, – sois notre proie !*" [1] »

1. Walter Scott, *La Démonologie, ou l'histoire des démons et des sorciers, op. cit.*

11

Les Fées de la Nuit et les Elfes noirs

Les maladies des elfes – L'elf-shot – Les dames noires – Les cauchemars – Démons incubes et succubes

Les maladies des elfes

Les elfes ne sont pas toujours bienveillants. Certains d'entre eux sont même accusés d'engendrer la plupart des maladies qui atteignent l'homme et le bétail. En vieil anglais, le terme *ylfig*, « elfique », désigne la folie et l'épilepsie. On leur doit également l'urticaire – *elveblest* en norvégien ; *alfarbrunni* en islandais –, la colique – *alvskot* en danois –, la couperose – *Elffeuer*, « feu de l'elfe », en allemand –, le lumbago – *Alpschuß*, « le trait de l'elfe », et le « tournis des moutons » – *Elbe* en allemand.

Deux recueils de pharmacopée anglaise datant du Xe siècle, le *Laeceboc* et les *Lacnunga*, notent des affections telles que « maladie des elfes », « succion de l'elfe » ou « mal de l'elfe des eaux ». Les remèdes sont à la mesure de ces intitulés. Ainsi, pour combattre la « maladie des elfes », il faut fabriquer un onguent à base d'eau bénite, d'absinthe, de fenouil, d'encens, de lichen et de la partie inférieure de « l'ombre d'un enchanteur ». Il faut en outre réciter régulièrement le *Credo* et le *Pater noster*.

Ce qui vaut pour les hommes vaut aussi pour le bétail car, disent encore ces recueils : « Si un cheval ou une autre bête a reçu la flèche d'un elfe, prends de la graine d'oseille et de la cire écossaise, et qu'un homme chante douze messes là-dessus. Mets de l'eau bénite sur le cheval, et quelle que soit la blessure, aie toujours ces plantes sur toi. »

Il est également conseillé de lancer des conjurations, telles que celle-ci :

Si tu fus touché dans ta peau ou dans ta chair,
Si tu fus touché dans ton sang ou dans tes os,
Si tu fus touché dans ton bras,
Jamais ta vie ne sera menacée,
Que ce soit le trait d'un Ase,
Que ce soit le trait d'un elfe,
Que ce soit le trait d'une sorcière,
Maintenant je vais t'aider.
Voici, pour guérir le trait d'un Ase,
Voici, pour guérir le trait d'un elfe,
Voici, pour guérir le trait d'une sorcière.
Thor s'enfuit vers la montagne.
Il avait un double caractère sacré [1].
Puisse le Seigneur te venir en aide [2].

Les elfes peuvent aussi ensorceler les humains en leur soufflant leur haleine au visage. Voici comment on peut s'en défendre, selon un charme allemand du XVe siècle :

---

1. Traduction incertaine.
2. Rapporté par Claude Lecouteux, *Les Nains et les elfes au Moyen Age, op. cit.*

Elfe au nez crochu,
Je te défends de me souffler au visage !
Je te défends, elfe, de fumer [1],
De ramper, d'aspirer !
Fils d'elfes, démons,
Éloignez vos griffes de moi [2] *!*

D'autres conjurations d'elfes illustrent bien la crainte qu'ils inspiraient :

Elfe aux yeux de veau, au dos comme un pétrin, je te conjure, indique-moi la demeure de ton maître !

ou bien :

Vous, les elfes, restez bien assis, ne quittez pas votre nid ! Partez, gagnez vite un autre lieu !

ou encore :

Dehors, les elfes ! Dedans, le grain [3] *!*

Claude Lecouteux explique pourquoi les esprits élémentaires, et notamment les elfes, avaient au Moyen Age une réputation aussi morbide : « Les hommes du Moyen Age ont tenu certains ressortissants de la petite mythologie pour responsables des affections qui frappent les êtres vivants et, selon les textes antérieurs à l'an mille, ils les attribuèrent indifféremment aux elfes, aux nains, aux revenants, aux trolls puis aux sorcières [4]. » Comment expliquer cet amalgame entre des

1. Traduction incertaine.
2. *Zeitschrift f. deutsches Altertum 41, Ed. von Grienberger*, cité par Claude Lecouteux, *Les Nains et les elfes au Moyen Age, op. cit.*
3. Cité par Claude Lecouteux, *Les Nains et les elfes au Moyen Age, op. cit.*
4. *Ibidem.*

créatures aussi différentes ? « Pour les clercs auxquels nous devons nos témoignages, toutes ces créatures sont des démons ou des suppôts de Satan ; elles se laissent toutes ramener à un dénominateur commun, la malignité, et même, pour les chrétiens, au paganisme, ce qui revient au même [1]. »

L'elf-shot

Mais l'arme la plus dangereuse des êtres de Féerie demeure l'*elf-shot*, le « coup de l'elfe », ou « coup de fée ». Ce coup est mortel, comme l'indique le révérend Kirk : « Ils transpercent aussi des vaches et d'autres animaux, c'est ce qu'on appelle ordinairement un coup-de-Fée (*Elf-shot*). [...] Le seul remède à de telles blessures est pour un homme de découvrir la plaie avec son doigt, comme si les esprits qui sortent d'une main chaude étaient un antidote suffisant contre les flèches empoisonnées [2]. »

Cet *elf-shot* est en effet décrit comme une pointe de flèche, ou une pointe de silex, projetée avec une extraordinaire adresse par l'elfe qui veut atteindre sa proie : « Leurs armes sont faites en partie de solides matières terrestres sans aucun fer, mais surtout en pierre semblable au tendre silex jaune de Spa, et façonnées en pointe de flèche bardée, qu'ils lancent avec force comme un dard. Ces armes (fabriquées avec un art et des instruments plus qu'humains, semble-t-il) ont quelque chose de la subtilité du

1. Cité par Claude Lecouteux, *Les Nains et les Elfes au Moyen Age, op. cit.*
2. Robert Kirk, *La République mystérieuse, op. cit.*

tonnerre et blessent mortellement les parties vitales sans endommager la peau ; j'ai remarqué ces sortes de blessures chez les bêtes et je les ai touchées de mes mains[1]. »

Pour contrer ces attaques mortelles des elfes, qui décimaient parfois des troupeaux entiers, les paysans avaient soin de ne jamais labourer leurs champs de façon rectiligne. Ils aiguillonnaient le bœuf de labour afin qu'il trace de larges courbes. Alors, l'elfe se trompait de perspective et visait à côté, épargnant ainsi la bête au travail.

Les dames noires

Les apparitions de dames noires sont souvent le présage de quelque malheur. Certains chroniqueurs allemands parlent du spectre d'une certaine noble dame, Bertha de Rosemberg, qui erre dans les couloirs des châteaux où elle vécut, revêtue d'un ample voile noir. Dans d'autres régions d'Allemagne, ces dames funèbres deviennent la *Klage-Weib* – la « Dame des plaintes » –, sorte d'ange lugubre annonciateur de la mort prochaine des êtres humains qui reçoivent sa visite.

Alfred de Nore, chroniqueur breton du XIXe siècle, compare ces dames noires à certaines prêtresses celtes : « Les druidesses étaient vêtues de noir. Leur habit portait une queue traînante qui était retenue autour des reins par une ceinture, et leur tête était couverte d'un voile violet. Lorsqu'il fallait immoler une victime humaine, elles prenaient un habit blanc et

1. Robert Kirk, *La République mystérieuse*, *op. cit.*

un voile noir. Elles assistaient à des sacrifices nocturnes presque nues, le corps teint de noir, les cheveux en désordre, et s'agitant dans des transports frénétiques. Une de leurs principales résidences était l'île de Séna sur la côte du Finistère. »

Dans les pays anglo-saxons, la tradition d'Halloween perpétue, encore aujourd'hui, cette croyance en des êtres surnaturels qui se manifestent la nuit précédant la Toussaint – Samain chez les Celtes – pour effrayer les humains. On sait que les enfants évident des citrouilles et les transforment en masques grotesques, et vont de maison en maison en demandant de l'argent ou du chocolat, sans quoi les morts-vivants viendront s'emparer des avares ! Albert Doppagne affirme que cette aimable tradition existait depuis longtemps dans nos contrées. Mais la citrouille était remplacée par une betterave évidée et sculptée, reproduisant un masque humain ou une tête de mort, au creux de laquelle on plantait une bougie allumée, et que l'on allait ensuite semer au coin des routes ou dans les cimetières. « Combien de victimes n'ont pas affirmé avoir vu un fantôme, une *lumerette*, un être fantastique quelconque ! Cette betterave évidée et soigneusement préparée pour l'illusion porte des noms dialectaux qui coïncident parfois avec des désignations relevant du fantastique : la *macrale*, le *grignedent*, la *lumerotte*, les *calebassiers*, etc. [1] »

Les cauchemars

Les elfes noirs prennent parfois l'aspect d'esprits

---

1. Albert Doppagne, *Esprits et génies du terroir, op. cit.*

nocturnes et de démons incubes, venant tourmenter les bonnes gens dans leur sommeil en leur faisant faire des cauchemars. Dans le nord de l'Europe, ces esprits étaient nommés *mahr* (*mahren* au pluriel), nom qui forme la racine de tous les mots qui, dans les différentes langues européennes, désignent le sommeil accompagné d'oppression et agité de rêves malsains : *maren* en danois, *nightmare* en anglais, *Nachtmar* en allemand, « cauchemar » en français – mot forgé à partir du moyen néerlandais *mare*, « fantôme », et de l'ancien verbe français *chaucher*, « peser » ; le cauchemar est donc un fantôme qui pèse sur le dormeur, qui l'oppresse. Chez les Latins, le cauchemar se disait *phantasma*, mot qui a donné « fantôme » et « fantasme ».

La Mahr est souvent considérée comme l'esprit d'un mort malfaisant qui revient hanter le sommeil des vivants, comme le démontre cette anecdote du XIIe siècle : « Après son décès, un homme est enterré par les soins diligents de son épouse et de ses proches, selon la coutume. La nuit suivant l'inhumation, le mort entre dans la chambre de son épouse, la réveille et l'écrase de son poids qu'elle peut à peine supporter [1]. »

Dans les pays scandinaves, une légende affirme que la Mahr prend plaisir à tirer l'homme par les cheveux. Un témoignage datant du Xe siècle en apporte un sinistre exemple : « Après avoir épousé Drifa en Finlande, le roi Vanlandi regagne Uppsala. Avant son départ, il promet à sa femme de revenir dans un délai de trois ans, mais dix années s'écoulent sans qu'il songe à tenir sa promesse. Drifa convoque la

1. Guillaume de Newbury, *Historia rerum Anglicarum*.

magicienne Huld et lui remet une somme d'argent afin que, par ses sortilèges, elle fasse revenir son époux ou le tue. La magie de Huld provoque chez Vanlandi un vif désir de revoir sa femme, mais ses amis et ses conseillers le mettent en garde : ce désir est dû aux maléfices des Finnois, disent-ils. Vanlandi est alors pris de sommeil – réaction typique d'un homme qu'un esprit attaque ou visite ; il va se coucher et s'endort. Il s'éveille peu après en criant que la Mahr l'a piétiné. On saisit alors la tête du roi, mais la Mahr se met à écraser ses jambes. On prend ses jambes, mais la Mahr empoigne la tête de Vanlandi et le tue[1]. »

Il existe aussi une maladie dans laquelle les cheveux prennent la consistance du feutre, et que l'on appelle *marlock* en suédois, *mahrenzopf* en basse Allemagne et *mahrenflicht* en allemand, mots qui désignent une chevelure tressée et bouclée par la main de la Mahr.

En allemand, « cauchemar » se dit également *Alp*, mot dérivé de « elfe ». C'est ainsi que les Allemands surnomment le cauchemar *Alpdruck*, « pression de l'elfe », ou *Alptraum*, « rêve elfique ».

Paul Sébillot confirme la part que prennent les élémentaux dans les terreurs nocturnes des hommes : « La visite d'une catégorie assez nombreuse d'esprits, généralement de petite taille, est au contraire redoutée ; il en est qui ne pénètrent dans les demeures des hommes ou des bêtes que pour y exercer leur malfaisance ou tout au moins leur espièglerie : des lutins s'asseyent sur la poitrine des gens endormis, les oppressent et leur donnent le cauchemar ; d'autres

1. Snorri Sturluson, *L'Orbe du Monde*, cité par Claude Lecouteux, *Les Nains et les elfes au Moyen Age*, *op. cit.*

s'amusent à tresser la crinière des chevaux pour s'en faire des étriers ou des balançoires, ou ils les tourmentent de telle sorte qu'au matin ils ruissellent de sueur. Les paysans emploient, pour les chasser, sans compter l'eau bénite et les talismans catholiques, des procédés variés. Le plus habituel consiste à placer, dans un récipient en équilibre, des pois, du millet ou de la cendre : le lutin, en arrivant à l'étourdie, le heurte et le renverse, et comme il est obligé de ramasser une à une ces innombrables graines, il est si ennuyé de cette besogne qu'il ne se risque plus à revenir. En Auvergne, il suffisait de déposer des graines de lin dans un coin ; le *drac* s'en allait plutôt que de les compter ; dans le même pays, on étendait des cendres sur le passage du *betsoutsou*, qui essayait en vain d'en savoir le nombre [1]. »

C'est également le cas d'un elfe nommé *chaufaton* dans la haute vallée d'Aulps, en Haute-Savoie, qui prend un malin plaisir à fouler de ses pieds les hommes et les femmes endormis : « D'autres fois, quand ils étaient couchés sur le foin à deux ou trois, le *chaufaton* venait les oppresser et les paralyser sous un poids très lourd, comme s'ils avaient eu une pierre sur eux, les uns après les autres [2]. »

Selon Claude Lecouteux, ce génie domestique se transformant en cauchemar est une réminiscence du culte des ancêtres : « Nous croyons que les traditions populaires gardent le souvenir des temps anciens : il nous semble en effet très significatif que ce soit justement un génie domestique, le *chaufaton*, qui puisse

1. Paul Sébillot, *Le Ciel, la nuit et les esprits de l'air, op. cit.*
2. Christian Abry et Charles Joisten, *De Lutins en cauchemars.*

jouer le rôle du cauchemar, car de tels génies sont souvent la forme que prend le bon ancêtre décédé, et leur culte se confond avec celui des morts bienveillants, tutélaires[1]. » En effet, le révérend Kirk indique : « Il existe beaucoup d'endroits appelés monts-de-fées que les habitants des montagnes croient impie de saccager ou de découvrir en enlevant la terre et le bois, croyant par superstition que les âmes de leurs ancêtres vivent là. Et ils disent que dans ce but un monticule ou petit mont était élevé à côté de chaque cimetière pour recevoir les âmes jusqu'à ce que les corps qui reposent là soient ressuscités ; et ce monticule devenait ainsi monts-de-fées[2]. »

L'apparition de la Mahr, spectre d'un mort malfaisant, correspond certainement au moment historique où le culte des ancêtres tombe en désuétude. Les vivants n'honorent plus leurs défunts comme ils le devraient ; ces derniers reviennent donc les hanter pour les punir de leur oubli et de leurs manquements.

Une autre tentative de dégradation de la nature céleste des elfes consista à les transformer, dans les légendes du Moyen Age, en nains, en démons et en lutins.

Une légende du Devon affirme par exemple que les lutins sont en réalité les fantômes des enfants morts sans baptême – c'est ainsi que s'expliqueraient leur mentalité infantile et leur goût immodéré pour les farces, les niches et les plaisanteries[3]. De même, l'épopée germanique du *Beowulf*, transmise par un

1. Claude Lecouteux, *Les Nains et les elfes au Moyen Age*, *op. cit.*
2. Robert Kirk, *La République mystérieuse*, *op. cit.*
3. Brian Froud et Alan Lee, *Les Fées*, *op. cit.*

manuscrit datant du xᵉ siècle, fait des elfes les descendants de Caïn le fratricide : « De lui sont nés tous les monstres, les ogres, les elfes, les esprits malins et les géants [1]. »

Démons incubes et succubes

Elfes malins, lutins fouleurs ou *mahren* fantômes sont également assimilés aux démons incubes ou succubes qui, à distance, viennent copuler avec les hommes et les femmes endormis. *Le Marteau des sorcières* (*Malleus Maleficarum*), rédigé à la fin du xvᵉ siècle par les inquisiteurs dominicains Henry Institoris et Jacques Sprenger, précise à ce sujet : « Sylvains et Faunes, appelés vulgairement incubes, se sont présentés avec impudeur à des femmes, ont convoité et consommé l'union avec elles. De même, au dire de plusieurs personnes de qualité dont on ne saurait sans effronterie récuser le témoignage, certains démons, appelés Lutins par les Gaulois, tentent sans cesse d'effectuer avec des femmes cette impudicité. » Le révérend Kirk écrit de son côté : « Dans notre Écosse il existe de nombreuses et belles créatures de cet ordre aérien, qui donnent fréquemment des rendez-vous à de lascifs jeunes gens en qualité de succubes, ou comme de joyeuses maîtresses et prostituées, qui sont appelées *Leannain Sith*, ou esprits familiers [2]. »

Au mot « cauchemar » de son *Dictionnaire infernal*, Collin de Plancy explique : « On appelle ainsi un

1. *Beowulf*, éd. G. Neckel, T. I, Heidelberg, 1976.
2. Robert Kirk, *La République mystérieuse*, *op. cit.*

embarras dans la poitrine, une oppression et une difficulté de respirer qui surviennent pendant le sommeil, causent des rêves fatigants, et ne cessent que quand on se réveille. On ne savait pas trop, au XVe siècle, ce que c'était que le cauchemar, qu'on appelait aussi alors *Chauche-poulet*. On en fit un monstre ; c'était un moyen prompt de résoudre la difficulté. Les uns voyaient dans cet accident une sorcière ou un spectre qui pressait le ventre des gens endormis, leur dérobait la parole et la respiration, et les empêchait de crier et de s'éveiller, pour demander du secours ; les autres, un démon incube qui étouffait les gens en leur faisant l'amour. Les médecins n'y voyaient guère plus clair ; on ne savait d'autre remède pour se garantir du cauchemar, que de suspendre une pierre creuse dans l'écurie de la maison ; et Delrio, embarrassé, crut décider la question en disant que le *cauchemar* était un suppôt de Belzébuth ; il l'appelle ailleurs i*ncubus morbus*, et dit que c'est un démon dépuceleur [1]. »

Gabrielle de Paban ajoute : « Chez les nations superstitieuses, le cauchemar a dû être naturellement rapporté à la main d'un démon qui lutine le dormeur, et ces rêves voluptueux, produits chez l'homme par l'écoulement séminal involontaire et dans lesquels il s'imagine avoir commerce avec quelque beauté mystérieuse, nés chez la femme d'excitations hystériques ou de sensations analogues, qui lui font croire qu'elle se livre à des étreintes amoureuses, ont été l'origine de la même croyance chez tous les peuples. Les *pilosi* des Hébreux, les *panisques*, satyres et *éphialtes* des Grecs, les faunes et sylvains des Latins, les démons incubes ou succubes, et les sylphes du Moyen Age

1. Collin de Plancy, *Dictionnaire infernal*, *op. cit.*

sont autant d'enfants de l'imagination du dormeur, agitée par ses sens. Cicéron avait déjà fait observer qu'il ne faut chercher nulle part ces êtres fantastiques, qu'ils n'existent pas[1]. »

Collin de Plancy illustre ces croyances d'une anecdote militaire : « On conte que pendant les dernières guerres d'Italie, on caserna dans une église abandonnée tout un régiment français ; les paysans avaient averti nos soldats que la nuit on se sentait presque suffoqué dans ces lieux-là ; et que l'on voyait passer un gros chien sur sa poitrine ; les soldats en riaient. Ils se couchèrent après mille plaisanteries. Minuit arrive, tous se sentent oppressés, ne respirent plus et voient chacun sur son estomac un chien noir, qui disparut enfin, et leur laissa reprendre leurs sens. Ils rapportèrent le fait à leurs officiers, qui vinrent y coucher eux-mêmes la nuit suivante, et furent tourmentés du même fantôme. Si ce fait n'est pas un conte, on ne peut l'attribuer qu'à l'imagination[2]. »

Une bonne façon de se protéger des esprits nocturnes est de placer un couteau ou un morceau de fer sous l'oreiller, ou encore de disposer ses chaussures tête-bêche au pied du lit ou tout au moins les talons appuyés contre le lit. Car avant de monter sur le lit pour étouffer le dormeur, la Mahr doit chausser les souliers dirigés à contresens et se voit donc bloquée.

Certaines conjurations anciennes étaient récitées avant le coucher, afin d'éloigner les esprits de la nuit :

> *Que le suprême* numen divinum,
> *Que le saint* sanctus spiritus,

1. Mme Gabrielle de Paban, *Histoire des fantômes et des démons qui se sont montrés parmi les hommes*, Paris, 1819.
2. Collin de Plancy, *Dictionnaire infernal*, *op. cit.*

Que le salus sanctus dominus
Me protègent encore cette nuit
Des mauvaises gens qui vont de nuit…
De ceux qui chevauchent les haies…
Chasse sauvage et membres de ton cortège
Qui portent les roues et les cordes,
Morts roués et pendus,
Partez d'ici !
Elfe et petit d'elfe,
Ne demeurez pas plus longtemps !
Sœur et père d'elfes,
Sortez, franchissez la haie[1] *!*

Les cauchemars et les terreurs nocturnes sont-ils le fait d'esprits de défunts, d'elfes, de démons ou bien de digestions difficiles ? M. Salgues, auteur d'un ouvrage intitulé *Des erreurs et des préjugés*, penche plutôt pour cette dernière interprétation et recommande : « Mangez peu, tenez le ventre libre, ne couchez point sur le dos, et votre incube vous quittera sans grimoire et sans eau bénite. »

1. Cité par Claude Lecouteux, *Les Nains et les elfes au Moyen Age*, *op. cit.*

12

Les Fées Fantômes

Les dames blanches – La banshie – La bataille de Clontarf – Guenièvre, la dame blanche – Fantômes, spectres et revenants – Les auto-stoppeuses fantômes

Les dames blanches

Les fées veillent sur les foyers et les naissances des êtres humains, mais également sur leurs décès. Elles sont aux sources de la vie et de la mort, et aident les mortels à *passer* d'une dimension à l'autre.

Les fées sont des divinités du passage du chaos à l'ordre, du non-être à l'être. Elles sont des accoucheuses de mondes. Associées aux mythologies de la Grande Déesse Mère, elles incarnent la part féminine du Dieu créateur – Gaïa par rapport à Ouranos[1]. À mi-chemin entre la terre et le ciel, elles intercèdent en faveur des hommes.

Dans la mythologie scandinave, les fées sont appelées *volas* ou *valas* ; leur fonction est de prédire la destinée des enfants naissant dans de grandes

1. La Terre et le Ciel dans la mythologie grecque.

familles, ou d'aider les femmes en train d'accoucher par leurs incantations. Les *hadas* pyrénéennes se penchaient sur le berceau des nouveau-nés en portant le bonheur dans la main droite et le malheur dans la main gauche. En Allemagne, c'est dame Berthe, encore appelée la Dame blanche, qui apparaît à la naissance des héritiers de maisons princières afin de les protéger.

Cette même Dame blanche peut également annoncer le décès d'un souverain. Érasme rapporte qu'elle a été vue au donjon de plusieurs châteaux d'Allemagne et de Bohême. Il écrit : « En Allemagne, l'un des faits les plus connus demeure l'apparition de la Dame blanche qui se fait voir quand la mort va frapper aux portes de quelque prince. (...) Ce spectre est apparu, en effet, dès les premiers temps de l'histoire des nobles maisons Neuhaus et de Rosenberg, et il s'y montre encore aujourd'hui [1]. »

La banshie

Ce rôle funèbre est à rapprocher de celui de la *banshie* irlandaise, sorte de fée domestique attachée à certaines familles de souche ancienne et de rang élevé qui apparaissait de temps à autre, avec une mine affligée, pour annoncer la mort prochaine de l'un des membres de cette famille. Lady Wilde donne une description détaillée de cette fée aristocratique :

« Seules certaines familles de haut lignage historique ou les personnes douées pour la musique et la chanson sont protégées par cet esprit ; car la musique

1. Érasme, *Des Prodiges*.

et la poésie sont des dons des fées, et leurs possesseurs montrent une parenté avec le peuple des esprits – c'est pourquoi leur existence est prise en charge par la fée de la vie, qui leur confère le don de la prophétie et celui de l'inspiration ; et par la fée de la destinée, qui leur révèle les secrets de la mort.

« Parfois, la Banshie prend la forme d'une douce vierge chantante, morte jeune, et à qui les pouvoirs invisibles ont donné la mission de devenir l'annonciatrice des deuils qui vont frapper ses descendants. Ou bien on peut la voir sous la forme d'une femme enveloppée d'un suaire et tapie sous les arbres, en train de se lamenter derrière sa face voilée. On peut aussi l'apercevoir en train de voler au clair de lune, pleurant amèrement. Les pleurs de cet esprit sont les sons les plus lugubres que l'on peut entendre sur cette terre. Ils présagent à coup sûr la mort de l'un des membres de la famille lorsqu'on les écoute dans le silence de la nuit [1]. »

Lady Wilde précise encore que la banshie est tellement attachée à sa famille qu'elle l'accompagne lors de ses déménagements, même au-delà des mers. Elle donne ainsi l'exemple d'une banshie que l'on entendit gémir avant la mort de deux membres de la famille O'Gradys, qui s'était installée au Canada.

Mais les banshies sont très sélectives, et ne se mettent pas au service de n'importe qui, ainsi que le précise Walter Scott : « Si je suis bien informé, le privilège de posséder une Banshie n'est attribué qu'aux familles de pure origine milésienne, c'est-à-dire qu'il ne revient à aucun des descendants des fiers Normands ou des vaillants Saxons, qui ont suivi la bannière du

1. F. S. Wilde, *Ancient Legends of Ireland*, *op. cit.*

comte Strongbow ; il s'applique encore moins aux aventuriers qui ont pu s'établir récemment dans l'île Verte [1]. »

La bataille de Clontarf

Parfois, les banshies intervenaient pour prévenir les guerriers en péril. Ce fut le cas notamment lors de la célèbre bataille de Clontarf, près de Dublin, qui opposa les Irlandais aux envahisseurs danois, le 23 avril 1014.

Aoibheall, la banshie de la famille royale de Munster, se présenta à Dunlang O'Hartigan la veille de cet événement, pour le supplier de ne pas prendre part à l'assaut, car il serait tué à coup sûr, ainsi que son fils Turlough et ses amis Murrough, Brian et Conaing, et tous les nobles d'Erin. Mais Dunlang O'Hartigan était un ardent patriote, et il déclara fermement que rien ne saurait l'empêcher de se battre pour l'Irlande. La banshie insista, lui promettant deux siècles de vie heureuse s'il acceptait de surseoir un seul jour à cette fatale bataille. Elle l'invita à l'accompagner dans le pays enchanté des elfes, là où il n'y a ni mort, ni froid, ni soif, ni faim, ni maladie, ni souffrance, mais une éternité de délices. Mais le cœur de Dunlang était brave et fidèle, et il avait fait serment de servir son roi. À contrecœur, il refusa la proposition de la fée.

Puis il rejoignit le roi Murrough à Clontarf. Il y fut accueilli par des paroles de reproches :

1. Walter Scott, *La Démonologie, ou l'histoire des démons et des sorciers*, *op. cit.*

– Grand doit être l'amour et l'attachement que tu portes à certaine femme pour t'avoir fait tant tarder à me rejoindre ici !

– Hélas, ô roi, répliqua Dunlang. Le bonheur que j'ai abandonné pour toi est plus grand encore que tu ne pourrais l'imaginer ; et si je ne t'avais pas donné ma parole, je ne serais peut-être pas venu, car mon destin est de mourir demain, comme toi.

Dunlang raconta alors à Murrough la visite de la banshie. L'annonce de sa propre mort plongea le roi dans un grand découragement. Se ressaisissant, il s'exclama pourtant :

– Souvent me fut offerte, dans les collines ou dans les demeures féeriques, l'occasion d'entrer dans le Pays des Elfes, mais je n'ai jamais voulu abandonner mon pays, ne fût-ce qu'une seule nuit !

Le lendemain, Dunlang et Murrough livrèrent la bataille de Clontarf, entourés par tous les nobles d'Irlande. Ce fut une bataille terrible, la plus sanglante qu'ait jamais connue la verte Erin. Car les guerriers danois n'étaient pas les seuls adversaires auxquels durent se mesurer les vaillants Irlandais. Ils étaient environnés par des démons de l'air, des fantômes, et toutes les armées du monde invisible qui s'étaient assemblées pour accroître la confusion et se repaître de l'infernal carnage. Au milieu de cette meute diabolique planait un gigantesque vautour noir qui poussait des cris aigus en battant des ailes au-dessus de leurs têtes. C'était la *Babd* (rage, furie, violence), la *Morrighain*, ou *Morrigan*, c'est-à-dire la grande déesse de la guerre. C'est alors que jaillirent de terre des satyres, des gnomes hideux, des gobelins furieux, des sorcières, des chouettes et mille autres créatures effrayantes. On dit que lorsque Murrough pénétra au cœur du combat pour donner assaut aux troupes danoises, il fut saisi d'une sainte colère qui conférait à ses traits une grandeur et une puissance telles que ses ennemis reculèrent un instant. Et au moment où il fut terrassé, un oiseau extraordinaire vint cueillir son souffle et l'emporta au loin [1].

Guenièvre, la dame blanche

La reine Guenièvre, l'épouse du roi Arthur, est elle aussi souvent décrite sous l'apparence d'une dame blanche. Son nom breton, Gwenhwyvar ou Gwenhwifar, signifie en effet la Fée blanche – de *gwen*, blanc, et *hwyvar*, dérivé de l'irlandais *siabhradh*, fée, ou fantôme.

Guenièvre fut enlevée par son amant Melwas, un prince éternellement jeune qui ressemble beaucoup à Midir, le prince des Tuatha Dé Danann qui alla chercher sa fiancée Etain dans le monde des hommes pour la ramener dans celui des elfes. Dans *Le Chevalier à la charrette*, Chrétien de Troyes décrit d'ailleurs le monde de Melwas comme un lieu d'où aucun voyageur ne revient jamais. Ayant séjourné dans le Pays des Elfes, Guenièvre a donc acquis à cette occasion les caractéristiques d'une fée.

D'ailleurs, lorsqu'elle engage les chevaliers de la Table Ronde à lui faire escorte pour le 1er mai – le *May Day*, le jour des fées par excellence, correspondant à la fête celtique de Beltaine –, elle leur demande expressément de s'habiller tout en vert – le vert étant la couleur de l'éternelle jeunesse et de la renaissance

1. D'après Hyde, *Literary History of Ireland*, et Hennessy, *The Ancient Irish Goddess of War*.

de la nature au printemps. De même, lorsque Arthur vient lui parler dans le royaume de Melwas, Guenièvre est montée sur un cheval vert : « Vert est mon coursier, de la teinte des feuilles[1]. »

Arthur a également toutes les qualités d'un prince elfique. Dès sa naissance, les elfes le comblèrent de grâces : « Au moment choisi, Arthur naquit. Dès qu'il apparut sur terre, les elfes s'emparèrent de lui ; ils enchantèrent l'enfant avec leur magie la plus puissante ; ils lui donnèrent le pouvoir d'être le meilleur des chevaliers ; ils lui donnèrent une autre chose, qui était de devenir un riche roi ; ils lui en donnèrent une troisième, qui était de vivre longtemps ; ils donnèrent au prince les vertus les plus grandes, afin qu'il devienne le plus généreux de tous les hommes vivants. Les elfes lui firent tous ces dons, et l'enfant n'eut qu'à les développer[2]. »

Élevé par l'enchanteur Merlin, il reçut la fameuse épée Excalibur des mains de la Dame du Lac*. Lorsqu'il fut mortellement blessé, il se rendit dans l'île enchantée d'Avalon, en compagnie de sa sœur la fée Morgane, pour y être soigné par Argante, la reine des fées, et recouvrer la santé et la jeunesse. Rappelons que le nom de Morgane* signifie « née de la mer ». Cette fée symbolise l'océan Atlantique qui, dans les légendes celtes, abritait l'Autre Monde et le séjour des morts, invariablement orienté à l'ouest[3].

---

1. *Myvyrian Archaiology* et *Green Book.*
2. Sir Frederic Madden, *Layamon's Brut*, Londres, 1847.
3. Cf. Édouard Brasey, *L'Énigme de l'Atlantide*, *op. cit.*

* Voir chez le même éditeur *Les Dames du Lac* de Marion Zimmer Bradley, *La Fée Morgane (Le Cycle du Graal)* par Jean Markale.

Evans Wentz écrit à ce sujet : « Arthur est par nature un dieu du monde féerique, le maître des fantômes, des démons et des fées. Les membres de sa cour ressemblent davantage aux *sidhes* irlandais qu'à de simples mortels. En tant que grand roi, on peut le comparer à Dagda, le souverain suprême des Tuatha Dé Danann [1]. »

Lancelot, enfin, élevé par la fée Viviane, la Dame du Lac qui lui conféra son surnom de Lancelot du Lac *, appartient lui aussi au monde elfique. C'est lui qui va chercher Guenièvre dans le royaume de Melwas en franchissant le périlleux Pont de l'Épée, car lui seul a les capacités d'aller et de venir ainsi dans l'autre monde. Et s'il tombe amoureux de sa souveraine, c'est qu'il a reconnu en elle, non une mortelle, mais une fée, une dame blanche.

Fantômes, spectres et revenants

Les banshies des Highlands, au nord de l'Écosse, ne se contentent pas d'annoncer la mort prochaine des membres de sa famille. Elles sont en outre pleines de menues attentions pour leurs protégés. Ainsi, « la Petite Laveuse du Gué » lave les vêtements de ceux qui vont mourir dans une bataille. La banshie des Macleods de Dunvegan a l'habitude de bercer l'enfant héritier dans son berceau et de hisser le drapeau aux armes de la famille. Au XVIIe siècle, la banshie du clan

1. W. Y. Evans Wentz, *The Fairy-Faith in Celtic Countries*, *op. cit.*

* Voir chez le même éditeur, *Lancelot du Lac (Le Cycle du Graal)* par Jean Markale.

des Grants avait coutume de se tenir aux côtés du seigneur lorsqu'il jouait aux échecs, afin de lui indiquer les coups gagnants. On disait également que les Grants ne pouvaient être tués que lorsque le coup frappait les carrés verts de leur tartan [1].

Walter Scott narre l'histoire de ces revenants si prévenants : « Plusieurs familles des Highlands d'Écosse ont jadis proclamé l'assistance d'un esprit, remplissant le même office que la *Banshie* irlandaise. Chez eux, cependant, la fonction de ce génie, dont la forme et l'apparence n'étaient point les mêmes selon les cas, ne se limitait pas à annoncer le trépas de ceux dont les jours étaient comptés. Les Écossais réussirent à obtenir d'eux d'autres services : les préserver des dangers d'une bataille ou bien garder et protéger l'héritier de la famille pendant le temps de son enfance ; il intervint même dans les amusements du chef, lui montrant la meilleure pièce à déplacer aux échecs, ou la bonne carte à jouer à tout autre jeu. Parmi ces esprits qui ont daigné manifester leur existence en apparaissant ces dernières années, il est un ancêtre de la famille MacLean de Lochbuy. Chaque fois qu'un des siens va mourir, le fantôme de ce chef chevauche sur le rivage, près du château, annonçant l'événement par des cris et des lamentations. On vit, dit-on, le spectre faire son galop, il y a quelques années, et pousser ses cris de mort. Bien qu'affligé, le clan ne fut donc pas étonné d'apprendre, peu après, que son chef vaillant était mort à Lisbonne, où il servait sous les ordres de lord Wellington [2]. »

1. Cité par John Aubrey, *Miscellanies*, Londres, 1890.
2. Walter Scott, *La Démonologie, ou l'histoire des démons et des sorciers, op. cit*

Certaines traditions françaises présentent elles aussi les dames blanches comme des châtelaines défuntes qui reviennent, sous forme de spectres, hanter les lieux qu'elles ont fréquentés de leur vivant. De nombreux contes et récits folkloriques ont pour thème ces dames ou demoiselles blanches.

En voici un, qui date du siècle dernier :

« Elle apparaissait dans la prairie d'un étroit vallon, sous le château. Elle donne un jour un petit coup de sa main légère sur la joue d'un jeune berger, en le suppliant de la délivrer du charme qui la retient en ce bas monde. Mais l'innocent se sauve effrayé.

« "Malheureuse que je suis, s'écrie la gentille demoiselle, j'avais espéré en toi, et voilà qu'il faut continuer de souffrir dans l'exil, et attendre ici pour être enfin délivrée de ce lieu terrestre qu'il ait poussé dans la prairie un cerisier, et que du bois de ce cerisier, il ait été fait un berceau, et que de ce berceau sorte un jeune enfant qui vienne un jour opérer cette délivrance !"...

« À ces mots, elle disparaît [1]. »

Ces dames ou demoiselles blanches se rencontrent essentiellement à la tombée de la nuit, le long des étangs et des ruisseaux. Elles ont donné leur nom à de nombreux sites ou lieux-dits de France, tels que le Chemin des dames, la Combe aux dames, le Pré aux dames, le Banc des dames ou la Cour des dames.

Ces dames blanches sont malicieuses, et leur fréquentation peut se révéler risquée. Le *Dictionnaire infernal* de Collin de Plancy explique à ce sujet :

---

1. Cité par Désiré Monnier, *Du Culte des esprits dans la Séquanie*, Paris, 1834, et *Croyances et traditions populaires recueillies dans la Franche-Comté*, avec Vingtrier, Lyon, 1871.

« On appelle lavandières ou chanteuses de nuit des femmes blanches qui lavent leur linge en chantant, au clair de lune, dans les fontaines écartées ; elles réclament l'aide des passants pour tordre leur linge et cassent le bras à qui les aide de mauvaise grâce [1]. »

Parfois, elles s'amusent aussi à conduire les passants attardés le long des précipices, mais en d'autres occasions, on les a vues apporter à manger aux bergers égarés, ou remettre dans le droit chemin les voyageurs perdus. Certaines d'entre elles apparaissent dans les écuries ; elles tiennent à la main des chandelles allumées dont elles laissent tomber la cire sur le toupet et le crin des chevaux, qu'elles se plaisent ensuite à peindre et tresser avec soin.

Le docteur Roger Mignot, grand connaisseur des fées de Franche-Comté, raconte que, selon une tradition locale des environs de Poligny, il existait jadis un sanctuaire consacré au culte d'une vierge celtique qui se matérialisait parfois la nuit sous la forme d'une dame blanche.

Un jour, un jeune berger, qui s'était éloigné pour rechercher une bête qui s'était enfuie, s'égara dans les bois entourant Poligny. Inquiets, ses parents le cherchèrent en vain trois jours durant. Finalement, on le retrouva le troisième jour, assis au pied d'un arbre et en excellente santé. On lui demanda comment il avait pu survivre, tout seul dans la forêt. Il répondit simplement qu'une belle dame, toute vêtue de blanc, était venue lui apporter à manger deux fois par jour.

De même, aux alentours de 1789, une jeune bergère gardant ses chèvres dans les bois des Écorchats se perdit à son tour et demeura introuvable durant

1. Collin de Plancy, *Dictionnaire infernal*, *op. cit.*

trois jours. On la retrouva affaiblie, mais bien vivante. Elle raconta elle aussi qu'elle n'avait pas souffert de la faim, car une belle dame blanche avait pris soin d'elle [1]. Dans ces témoignages, on peut également reconnaître les signes d'une apparition mariale, ce qui n'a rien d'incompatible, puisque nous avons vu que la Vierge Marie, à qui l'on avait voué les fontaines païennes afin de les christianiser, était devenue la patronne des fées.

Un certain Claude-Antoine Bell, meunier de son état et résidant aux Nans, rapporte une étrange histoire qui lui serait arrivée un soir de décembre 1809, alors qu'il revenait de la foire de Salins en traversant la forêt de la Fraisse, dans le Jura, dans laquelle se trouvaient les ruines du vieux donjon de la Berne, réputé hanté. Heurtant dans la pénombre une pierre de ces ruines, le meunier trébucha et perdit malencontreusement son chapeau. Il fouilla un moment le sol, et finit par le retrouver. Mais lorsqu'il se releva, il vit à côté de lui une femme d'une grande beauté, vêtue d'une longue robe blanche. Le meunier lui demanda qui elle était, mais la dame blanche ne répondit pas. Il lui proposa de l'accompagner dans la forêt, et la dame y consentit aussitôt, mais toujours sans prononcer une parole. Ils durent passer par un sentier étroit semé de ronces. À la stupéfaction du meunier, la belle dame traversa les fourrés sans une égratignure. Parvenue à l'orée de la forêt, la dame blanche se mit à pousser des cris perçants et, soudain transformée en oiseau, s'envola à tire-d'aile vers le sommet du donjon de la Berne.

1. Rapporté par le docteur Roger Mignot, *Les Fées franc-comtoises*, *op. cit.*

Lorsqu'il raconta ensuite son étrange aventure, le meunier précisa qu'il était rentré à jeun de la foire de Salins, et qu'il ne croyait pas aux apparitions surnaturelles [1].

Les auto-stoppeuses fantômes

Albert Doppagne conteste cette assimilation des dames blanches aux fées. Il s'explique ainsi : « Est-il absolument nécessaire de voir des fées dans les nombreuses dames blanches que recèle notre légendaire ? Je n'en suis pas convaincu. La "dame blanche" ou "blanche femme" pourrait tout aussi bien n'être que la réplique négative de l'"homme noir" [2]. »

Il observe cependant que ces apparitions spectrales étaient extrêmement fréquentes, notamment en Wallonie, où il a mené une grande partie de ses recherches. Mais les effets du modernisme ont eu raison, là encore, des jolies dames blanches. Albert Doppagne constate en effet que ces « êtres prétendument fantastiques » disparurent assez brutalement à la suite, d'une part, de « l'apparition de l'éclairage public » et, d'autre part, « à partir du moment où les voyageurs qui devaient se déplacer de nuit ont eu la possibilité d'avoir en poche un pistolet peu encombrant [3] » !

Ces dames blanches, toutefois, n'ont pas toutes péri. S'adaptant aux nouvelles contraintes engendrées par les technologies modernes, elles se sont recyclées

1. Rapporté par le docteur Roger Mignot, *Les Fées franc-comtoises*, *op. cit.*
2. Albert Doppagne, *Esprits et génies du terroir*, *op. cit.*
3. *Ibidem.*

en « auto-stoppeuses fantômes ». De nombreux témoignages modernes rapportent que sur certaines portions de routes – entre Moustiers-Sainte-Marie et Castellane, dans les Alpes de Haute-Provence, par exemple – une belle dame toute vêtue de blanc apparaît parfois. Elle se tient immobile au bord du chemin, comme si elle attendait quelque chose ou quelqu'un. Les automobilistes s'arrêtent et l'invitent à monter dans leur véhicule. Elle accepte sans dire un mot et prend place sur le siège du passager, le regard rivé vers l'avant. Le chauffeur essaie d'entamer la conversation, mais elle ne répond jamais. Quelques centaines de mètres plus loin, au détour d'un virage, elle disparaît brutalement. On dit que ces dames blanches auto-stoppeuses se manifestent aux endroits où il y a eu un accident de la route, afin d'éviter qu'il ne s'en produise un à nouveau.

Conclusion

Faire Alliance avec la Fée

Le mariage de Gauvain – Faire alliance avec la fée

Le mariage de Gauvain

On raconte qu'au temps de la splendeur du roi Arthur, son neveu, sire Gauvain *, pénétra bravement dans une sombre forêt afin de mener à bien l'une de ses nombreuses et périlleuses quêtes. C'était un chevalier sans peur ni honte, que rien au monde n'aurait pu effrayer, sinon la crainte de décevoir son roi ou de ne point répondre à l'appel de quelqu'une des nombreuses jeunes filles éplorées qui depuis toujours croisaient son chemin. C'était un fier paladin qui s'était engagé dans la forêt de force, comme on prend une citadelle ennemie.

Aussi la forêt se rétracta-t-elle au contact de ce mâle si sûr de lui, qui foulait sans précaution, des sabots crottés de son cheval, le tapis moussu de ses

* Voir chez le même éditeur, *Gauvain et les Chemins d'Avalon (Le Cycle du Graal)* par Jean Markale.

sentines. Elle se fit maussade, ronceuse, revêche, remplie d'épineux et de broussailles qui égratignaient au passage la robe du coursier et l'armure étincelante de son maître. La forêt s'emplissait de hululements funèbres, de jacassements macabres, de sifflements sournois, cherchant de toute manière à barrer le chemin au visiteur intempestif. Mais Gauvain n'avait peur de rien, pas même des ombres de la forêt, pas même de ce qui n'existe pas, et bravement il poursuivit son chemin.

Bientôt, au détour du sentier herbu et sauvage, il aperçut une forme bossue et bancroche, vêtue de sacs et de guenilles, qui le hélait d'une main sèche, noire et craquelée comme un sarment de vigne. Le preux chevalier tira les rênes de sa monture et observa avec dégoût l'être monstrueux qui invoquait ainsi son aide.

Il s'agissait d'une femme, mais si laide et si vieille qu'il était bien difficile de déceler en elle le moindre vestige de féminité. Plutôt qu'à une femme, elle ressemblait à une sorcière hideuse et diabolique. Tout y était : les yeux rouge sang, le nez crochu, la bouche édentée et bavotante, le menton poilu en galoche, la peau d'une guenon et des pieds d'ours. Quant à la voix, c'était un mélange de croassement de corneille et de rugissement de fauve. Et de cette voix affreuse elle suppliait Gauvain en ces termes :

– Beau sire, veux-tu m'épouser ?

La requête, certes, n'avait rien d'affriolant, et plus d'un chevalier aurait incontinent fait demi-tour pour s'enfuir au galop. Mais Gauvain n'était pas un chevalier comme les autres. En dehors de son courage et de sa bravoure, que n'égalaient que ceux de rares chevaliers tels que Lancelot ou Perceval, Gauvain avait fait de la séduction et du *fine amor* en usage à la cour des vertus cardinales. Jamais il n'avait refusé les avances d'une femme, fût-elle dans un état aussi pitoyable que l'ombre décharnée qui implorait aujourd'hui son amour. Aussi, bien que son sens de la beauté en conçût quelque offense, sire Gauvain haussa ce jour-là la galanterie au niveau de l'héroïsme le plus pur en répondant :

– Il en sera fait comme vous le désirez, noble dame.

Et d'un geste courtois il l'invita à grimper en croupe de son cheval.

Ils se remirent en route, mais quelque chose soudain avait changé. C'était la forêt qui, toute hostile qu'elle était, s'ouvrait à présent comme fleur au printemps. Les arbres géants écartaient leurs troncs sur le passage du paladin et de la sorcière. Les broussailles s'aplatissaient comme des chiens couchés. L'air embaumait des senteurs délicates et s'emplissait de chants d'oiseaux paradisiaques. La forêt de cauchemar s'était métamorphosée en jardin d'Éden.

Bientôt, ils approchèrent d'un château magnifique qui se dressait au sommet d'une colline. De sa voix cassée, la sorcière commanda à Gauvain de s'y rendre, car ce château était sa demeure, et toute sa cour les y attendait afin que le mariage fût célébré au plus tôt.

En effet, sire Gauvain déboucha dans une enceinte où se trouvaient de nobles chevaliers et de plaisantes dames qui lui firent fête et l'acclamèrent comme leur futur souverain. Ils l'entraînèrent avec eux afin de le baigner et de le vêtir richement d'habits nuptiaux. Puis on le conduisit à sa promise qui, elle aussi, avait revêtu ses plus beaux atours. Ces précieuses étoffes, hélas, n'adoucissaient en rien la hideur extrême de ses traits, et lorsqu'elle sourit à Gauvain, dévoilant une bouche noire où ne subsistaient plus que trois infâmes chicots jaunes, le cœur de Gauvain se serra jusqu'à l'étouffer. Mais il n'avait qu'une parole, et de sa main il prit la main blafarde et craquelée de son odieuse dulcinée afin de la conduire à l'autel.

Le mariage eut lieu, et fut suivi de réjouissances inouïes. On mangea, on but, on dansa, on chanta. Toute la cour prit un plaisir extrême à ces festivités, hormis sire Gauvain qui appréhendait l'instant fatal où il lui faudrait consommer ce mariage contre nature. Ce moment, hélas, arriva. De sa voix éraillée, la sorcière minauda :

– Mon beau prince, il est grand temps d'aller nous étendre tous deux sur la couche commune.

Et elle l'entraîna par les escaliers majestueux jusqu'à une chambre garnie d'un lit à baldaquin et chauffée par un âtre où ronflait un feu d'enfer. En rougissant, la sorcière demanda à Gauvain de lui laisser le temps de se préparer avant de la rejoindre dans le lit. Le pauvre chevalier fut trop heureux de ce sursis supplémentaire, et s'abîma tristement dans la contemplation des flammes sautillantes qui semblaient le narguer dans la cheminée. C'est alors qu'il entendit une douce voix murmurer :

– Viens, à présent.

Troublé, il se dressa et alla écarter les voiles du baldaquin. Quelle ne fut pas sa surprise de découvrir, au lieu de l'ignoble sorcière, une ravissante jeune fille, faite au moule d'Aphrodite, la chevelure blonde comme le soleil et la peau blanche comme la lune. Délicieusement nue, elle lui ouvrait amoureusement les bras et Gauvain la rejoignit sans délai. Ils s'aimèrent toute la nuit en des ébats qu'il serait déplacé et vain de prétendre décrire ici, car la sorcière hideuse s'était transformée en la plus belle des fées – la plus belle, et la plus ardente.

Au matin, toutefois, la fée regarda gravement son époux et lui dit :

– Gauvain, tu m'as rencontrée laide et tu m'as aimée belle. À présent, tu dois choisir : préfères-tu que je demeure laide le jour et belle la nuit, afin de te combler de mes charmes, ou bien laide la nuit et belle le jour, afin que je puisse briller à tes côtés à la cour ? Réfléchis bien et réponds-moi.

Sire Gauvain demeurait perplexe. Aucune de ces solutions, bien entendu, ne lui agréait totalement. Comment choisir ? Et pourquoi choisir ? Mû par une soudaine inspiration, il répondit à sa bien-aimée :

– Je ne peux choisir à ta place, car il s'agit de toi ; il s'agit de ta vie. À toi revient le choix de l'apparence que tu voudras bien avoir : laide le jour et belle la nuit, ou laide la nuit et belle le jour. Je ne t'en aimerai pas moins dans l'un ou l'autre cas.

Alors, la fée se jeta à son cou et lui dit :

– Mon prince, tu as su dire la réponse juste, qui lève à jamais le sortilège qui pesait sur moi. Puisque tu me laisses le choix, alors je serai désormais belle et le jour et la nuit, pour t'aimer tendrement jusqu'à la fin de nos deux vies... [1]

Faire alliance avec la fée

On se rappelle les paroles de Katharine Briggs : « Une mauvaise fée est une fée que l'on a offensée. »

---

1. D'après *Le Mariage de Gauvain ou Sire Gauvain et Dame Raguenel*, texte anglais du XIVe siècle.

En pénétrant sans égards dans la forêt magique, symbole de la nature enchantée où vivent les fées et les elfes, Gauvain perturbe l'ordre et l'harmonie des choses, et s'attire l'hostilité des broussailles et des ronces qui hérissent autour de lui des barrières infranchissables. Et la fée, offensée par son attitude humaine, trop humaine, se métamorphose en sorcière hideuse, bossue et bancroche.

Mais Gauvain accepte de faire alliance avec la fée qu'il a offensée sans le vouloir. Aussitôt, la forêt redevient agréable et embaume ses plus belles senteurs pour le paladin qui a su respecter et honorer celle qui l'a accueilli en son nom sous son visage ridé et repoussant. Et au lit la sorcière redevient la belle fée qui s'offre à celui qui a su mériter ses faveurs.

Il subsiste une dernière épreuve, toutefois : « Me préfères-tu laide le jour et belle la nuit, ou bien laide la nuit et belle le jour ? » Cette question est un piège que Gauvain, en écoutant son cœur, parvient à déjouer. Car la clé du choix consiste justement à ne pas choisir, mais à s'en remettre au choix de la fée.

La fée sait mieux que nous ce qui est bon pour elle comme pour nous. Tantôt laide, tantôt belle, elle est un miroir de notre âme. Si nous l'offensons, en bafouant nos idéaux ou en oubliant nos vœux les plus chers, elle se hérisse, s'enlaidit et se venge de notre traîtrise en nous accablant d'épreuves douloureuses ou monstrueuses. Si, au contraire, nous l'acceptons telle qu'elle se présente à nous et l'aimons du plus profond de notre cœur, elle s'offre à nous, belle à nulle autre pareille, et nous conduit vers le grand accomplissement de nous-mêmes. Mais pour cela, il faut ne rien vouloir, ne rien décider par soi-même, mais s'abandonner totalement, dans la plus grande confiance, au monde féerique et à la fée qui en est la gardienne. À cette seule condition s'ouvriront pour nous les portes du paradis.

Faire alliance avec la fée, tel est l'enjeu, conscient ou non, de nos vies mortelles. Les contes merveilleux ne parlent que de cela : ce n'est que par l'union avec la fée que le héros traverse toutes les épreuves qui se dressent devant lui pour parvenir au bout de sa quête. Mais les contes merveilleux ne sont que des métaphores de nos propres vies.

Faire alliance avec la fée, c'est faire alliance avec la vie, avec la magie de la vie et l'amour infini qu'elle contient. C'est croire en la providence, faire confiance en sa chance, accorder foi aux coïncidences et aux rencontres heureuses, qui se produisent toujours au bon moment. C'est croire aux forces de l'esprit qui animent la matière. C'est croire en la toute-puissance du divin qui donne vie et lumière à tous les êtres et toutes les choses. Faire alliance avec la fée, c'est faire alliance avec la meilleure part de nous-mêmes. Notre part immortelle et divine. Celle qu'il suffit d'éveiller dans le fond de notre cœur pour transformer la sorcière repoussante de nos vies en une belle fée aimante qui nous apportera joie, bonheur, félicité, amour et abondance. Tel est le monde que nous promet et nous apporte la fée, après que nous avons fait alliance avec elle. Non pas un monde de rêve et d'illusion, mais un monde bien réel, même s'il demeure encore invisible à beaucoup.

Alors, à l'exemple de Gauvain, à l'exemple de tous ces paladins qui, un jour, s'en sont allés en Avalon ou au royaume merveilleux des Tuatha Dé Danann, à l'exemple de tous les héros des contes de fées, qui ne sont jamais que des aspects symboliques de nous-mêmes, nous connaîtrons nous aussi ce séjour où la mort et la douleur n'existent pas, où le temps s'est arrêté dans un printemps éternel, où les marmites magiques servent à profusion une nourriture inépuisable, où il suffit de tendre la main pour cueillir les pommes d'éternelle jouvence, où la vie s'écoule jour après jour et nuit après nuit dans une éternité de bonheur.

Les fées et les elfes ne souhaitent que cela. Devrons-nous les faire encore longtemps attendre ?

Valensole et Sillans-la-Cascade,
décembre 1998,
dans le temps de l'Avent.

Bibliographie sélective

Les Elfes et les fées, Éditions Time-Life, Amsterdam, 1984.
H. D'ARBOIS DE JUBAINVILLE : *Le Cycle mythologique irlandais*, Paris, 1884.
JOHN AUBREY : *Miscellanies*, Londres, 1890.
CICELY MARY BARKER : *The Complete Book of Flower Fairies*, réédition Frederick Warne, 1997.
ÉDOUARD BRASEY : *Enquête sur l'existence des fées et des esprits de la nature*, Filipacchi, 1996. Réédition J'ai Lu, « Aventure secrète », n° 4753, 1998.
ÉDOUARD BRASEY : *Le Vœu d'étoile*, Le Comptoir, 1996.
KATHARINE M. BRIGGS : *The Fairies in Tradition & Literature*, Routledge & Kegan Paul, Londres, 1967.
ALBERT DOPPAGNE : *Esprits et génies du terroir*, Duculot, 1977.
PIERRE DUBOIS : *La Grande Encyclopédie des fées*, Hoëbeke, 1996.
HENRI DURVILLE : *Les Fées*, Perthuis, 1950.
BRIAN FROUD ET ALAN LEE : *Les Fées*, Albin Michel, 1979.
PIERRE GALLAIS : *La Fée à la fontaine et à l'arbre*, C.E.R.M.E.I.L., Amsterdam, 1992.
E. L. GARDNER : *Les Fées*, Éditions Adyar, 1945, réédition 1966.
JULES GARINET : *La Sorcellerie en France*, Paris, 1820.
STANISLAS DE GUAITA : *Le Temple de Satan*, Paris, 1915.

Fées et Elfes

W. C. HAZLITT : *The Romance of King Orfeo. Fairy Tales, Legends and Romances Illustrating Shakespeare*, Londres, 1875.

G. HODSON · *Les Fées au travail et au jeu*, Éditions Adyar, 1957.

ROBERT KIRK : *La République mystérieuse*, 1691. Édition Rémy Salvator, 1896.

CLAUDE LECOUTEUX : *Les Nains et les elfes au Moyen Age*, Imago, 1988.

SIR FREDERIC MADDEN : *Layamon's Brut*, Londres, 1847.

MARIE DE FRANCE : *Lais*, traduits par Alexandre Micha, Flammarion, 1994.

ALFRED MAURY : *Les Fées au Moyen Age. Recherches sur leur origine, leur histoire et leurs attributs, pour servir à la connaissance de la mythologie gauloise*, Paris, 1843.

DOCTEUR ROGER MIGNOT : *Les Fées franc-comtoises*, chez l'auteur, 1984.

DÉSIRÉ MONNIER : *Du Culte des esprits dans la Séquanie*, Paris, 1834.

DÉSIRÉ MONNIER : *Croyances et tradition populaires recueillies dans la Franche-Comté*, avec Vingtrier, Lyon, 1871.

ABBÉ MONTFAUCON DE VILLARS : *Le Comte de Gabalis*, Paris, 1670.

GABRIELLE DE PABAN : *Histoire des fantômes et des démons qui se sont montrés parmi les hommes*, Paris, 1819.

COLLIN DE PLANCY : *Dictionnaire infernal*, Paris, 1825-26.

MICHAEL SCOTT : *Irish Folk & Fairy Tales*, Warner Books, 1989.

WALTER SCOTT : *La Démonologie, ou l'histoire des démons et des sorciers*, Paris, 1832.

PAUL SÉBILLOT : *Le Ciel, la nuit et les esprits de l'air*, 1904-1906. Réédition Imago, 1982.

LEWIS SPENCE : *British Fairy Origins*, Londres, 1946.

LEWIS SPENCE : *The Fairy Tradition in Britain*, Londres, 1948.

J. R. R. TOLKIEN : *Le Seigneur des anneaux*, Christian Bourgois, 1972.

Bibliographie sélective

J. R. R. TOLKIEN : *Faërie*, Christian Bourgois, 1974.

W. Y. EVANS WENTZ : *The Fairy-Faith in Celtic Countries*, Oxford University Press, 1911.

F. S. WILDE : *Ancient Legends of Ireland*, 2 volumes, Londres, 1887.

W. G. WOOD-MARTIN : *Traces of the Elder Faiths of Ireland*, 2 volumes, Londres, 1902.

W. B. YEATS : *Fairy and Folk Tales of Ireland*, Londres, 1888. Pan Books, 1979.

Table

Introduction : Il était une Fée... 11
Fée ou fairy ? – Qu'est-ce qu'une fée ? – Les fées courtoises – Les fées des bois, des jardins et des fontaines – Qu'est-ce qu'un elfe ? – Le royaume de Féerie – Pour une écologie spirituelle.

1 : La Naissance des Fées 33
Le troisième royaume – Des dieux, des géants et des elfes – Fata, fades et fadas.

2 : Les Territoires Elfiques 45
Les génies du lieu – Saint Éloi part en croisade contre les fées – La Vierge Marie, patronne des fées – Les eaux miraculeuses – Feux follets – Les fées marraines.

3 : Le Temps féerique 59
Le calendrier des fées – Le rendez-vous annuel des fées – Les cercles de fées – L'écoulement du temps en Féerie – Shon ap Shenkin – La chanson des korrigans.

Fées et Elfes

4 : Les Fées au Jardin et à la Cuisine 71
Les fées des fleurs – Les sept plantes magiques – Arbres à fées et perchoirs à elfes – Les esprits sombres de la forêt – La cuisine des fées – La fée du foyer.

5 : Les Îles féeriques 87
Les royaumes imaginaires – Les brumes de l'île de Man – Avalon et la tribu de Dana – L'Atlantide, ou le paradis des Celtes – La branche d'argent du pommier sacré et le voyage de Bran.

6 : Le Royaume souterrain des Elfes 99
Le Petit Peuple sous les collines – Elidor et les Enfants verts – La cour des elfes – La musique des elfes – Le sabbat des Bon Voisins – L'histoire de Thomas le Rimeur.

7 : La Saison des Amours 119
Le mariage avec la fée – Les tabous féeriques – Le Chevalier au Cygne – Lanval et Tryamour à la cour du roi Arthur – Amoureuses d'un elfe.

8 : Rivalités amoureuses au Royaume des Elfes ... 133
Ethna chez les Tuatha Dé Danann – La partie d'échecs – Les cygnes blancs.

9 : Les Fées au Berceau 147
Les nourrices des fées – Molly, la sage-femme et l'homme en noir – Les changelins – Les enfants-fées.

10 : Ravissements elfiques 159
Le séjour dans l'Autre Monde – Orphée et Eurydice au Pays des Elfes – Charlemagne condamne les elfes à de lourdes peines – Les ambassadeurs des sylphes – La grande chasse céleste – L'étrange aventure du révérend Kirk.

11 : Les Fées de la Nuit et les Elfes noirs 179

Les maladies des elfes – L'elf-shot – Les dames noires – Les cauchemars – Démons incubes et succubes.

12 : Les Fées Fantômes 195

Les dames blanches – La banshie – La bataille de Clontarf – Guenièvre, la dame blanche – Fantômes, spectres et revenants – Les auto-stoppeuses fantômes.

Conclusion : Faire Alliance avec la Fée 211

Le mariage de Gauvain – Faire alliance avec la fée.

Bibliographie sélective 221

CHEZ LE MÊME ÉDITEUR
DU MÊME AUTEUR

Impression réalisée par

BUSSIÈRE

GROUPE CPI

à Saint-Amand-Montrond (Cher)
pour le compte de Pygmalion
Département des Éditions Flammarion
en février 2005

N° d'édition : 592. N° d'impression : 050433/4.
Dépôt légal : avril 1999.

Imprimé en France